BAILAR EN LA COCINA

Ediciones Palabra

Madrid

En la colección dbolsillo:

1ª edición, febrero 2023
2ª edición, marzo 2023
3ª edición, abril 2023
4ª edición, abril 2023
5ª edición, septiembre 2023
6ª edición, diciembre 2023

1ª edición en este formato, abril 2024
2ª edición en este formato, septiembre 2024
3ª edición en este formato, enero 2025
4ª edición en este formato, julio 2025
5ª edición en este formato, febrero 2026

Diseño de cubierta: Equipo editorial
ISBN: 978-84-1368-373-7
Depósito legal: M-9627-2024
Printed in Spain - Impreso en España

PEP BORRELL

BAILAR EN LA COCINA

EL SECRETO DE LOS MATRIMONIOS QUE DISFRUTAN

5ª EDICIÓN

PALABRA

Mercè, t'estimo.

ÍNDICE

PRÓLOGO

Hay algo que me une fuertemente al gran Pep Borrell. Él se define como un enamorado de la familia y el matrimonio. Yo soy otra: comparto 100% ese *top 1* de enamoramientos. No hay viaje, joya, coche, casa, restaurante… que llene el alma como pasar una tarde en casa y sentirse cuidado, respetado, querido. Nada como saberse necesario para otros. Y absolutamente nada como demostrar tu amor a los que te rodean, transmitirles el calor de tu regazo y regalarles la seguridad de tu hogar. Saber que ellos notan lo importantes que son para ti. Qué labor más bonita esta, qué gran proyecto de vida.

La Real Academia de la lengua define «**felicidad**» de la siguiente manera: «Estado de grata satisfacción espiritual y física». Parece que de un tiempo a esta parte nos hemos centrado solo en la parte física y hemos dejado de lado la espiritual. El afán ansioso de tener, de triunfar, de experimentar, de divertirse, descansar, de llevar una vida fácil y placentera, deja casi bloqueada la trascendencia horizontal (hacia los demás y hacia la colectividad) y también la vertical (hacia los valores ideales absolutos, hacia Dios). Pero es que sin la parte espiritual, sin una visión trascendental de la vida, es imposible encontrar la felicidad. A lo mejor creemos que la tenemos, pero se trata de una falsa felicidad, imposible de mantener en el medio y largo plazo.

Me parece curioso que la segunda definición que aporta la RAE sobre la felicidad, se acompaña de un ejemplo de uso: «Mi familia es mi felicidad». Podía haber puesto mil ejemplos, pero ha situado ahí a la familia. Y además creo profundamente que en esto estamos todos de acuerdo, sean cuales sean tus creencias, tu país de pertenencia, tu raza o tus convicciones.

¿Qué hay en la vida que llene más que una familia? Ese grupo donde una persona se permite ser quien es, sin disimulo, donde te exigen, te enseñan, donde te ríen los chistes malos, cuelgan en la nevera tus dibujos imposibles, se preocupan más que nadie por tu salud, y por dónde estás cuando ya tenías que haber llegado a casa. Ese lugar definido por una palabra: incondicional. Amor incondicional.

Viktor Frankl nos descubrió que el sentido de la vida es el amor. Pero, como añade Nacho Calderón, el amor siempre está referido al otro. Si el amor es puramente autorreferencial, nos condena a la soledad. Así que vivir para los demás es la única alternativa.

De la campaña tan brutal que vivimos en contra del matrimonio todos tenemos la culpa. La sociedad entera la fomenta de alguna manera, incluidos los que disfrutamos de él. Ya sea en forma de chistes, en forma de desahogo en grupos de amigos, de ironías en redes sociales, de mensajes contrarios en series o películas, de *apps* donde te dan «churripuntos» para medir los créditos que tienes para hacer planes sin pareja…

En una sociedad en la cual el partido lo gana el individualismo, el matrimonio es el movimiento más transgresor que nos podemos encontrar. Entregarse en cuerpo y alma, decir que sí con todas sus consecuencias, comprometerse a querer y cuidar al otro, en la salud y en la enfermedad, en lo bueno y en lo malo, en la riqueza y en la pobreza, todos los días de una vida, es algo absolutamente rompedor. Pero no está de moda reconocerlo.

Y de repente, en medio de esta ola de negatividad que nos hace creer que el compromiso es imposible, aparece arrollando Pep Borrell, con su maravillosa manera de contagiar la felicidad en el matrimonio. Con risas, con bailes, con ilusión y con muchas ganas. No se trata de aguantar, se trata de pasárselo pipa, porque está pensado para eso. Porque esto no es una encerrona, no es un tubo en el que te metes y ya no puedes salir, que te coarta tus libertades y te obliga a renunciar para siempre a ti mismo. Al revés.

¿El secreto de los matrimonios que funcionan? DARSE. Sin restricciones, sin comparaciones, sin límites. Darse los dos, y si el otro no te da, pedirle que te dé, y abrumarle con la necesidad de corresponder a tu dar. Yo lo he visto con mis propios ojos en el SÍ que se dieron mis padres. Un sí completo. Un sí cargado y rebosante de compromiso, hasta el último aliento, literal. Un ejemplo vivo que me ha convertido en aprendiz de esposa que disfruta y aprende día a día de su marido.

Que nadie piense que llega tarde. Hace unos años los tíos Tere y José Luis celebraron sus bodas de oro con una Misa de acción de gracias y una comida. Al terminar de comer fueron pasando por las mesas para estar un ratito con sus invitados, y al llegar a la nuestra, tuve la oportunidad de preguntarle a él: «¿Cómo se hace para llegar a los 50 años de casados así de bien?» Él, que habitualmente es un hombre callado y observador, me sorprendió mucho con su clarísima y escueta respuesta: «Pues es que nosotros somos de una generación en la que cuando algo se rompe, se arregla». Y se marchó. Me pareció magistral y me ha ayudado mucho pensar en ella.

Si a ti no te sacan a bailar, saca tú. Lleva la voz cantante, extiende tu mano y agarra fuerte la del otro, con paciencia, con cariño, con comprensión. A lo mejor al principio hay pisotones, pero después de unos cuantos intentos, llegarán los pasos al ritmo de la música y ya no querréis otra pareja de baile. He visto matrimonios resurgir de sus cenizas cuando parecían rotos para siempre. Uno sacó a bailar al otro, y el otro agarró la mano y bailó. En la cocina y en la vida.

Gracias Pep, por este libro que ha abierto una vereda en un bosque que parecía tupido. Un libro que está cambiando las cosas, cambiando las estadísticas, poniendo de moda de nuevo el matrimonio, que te hace coger las riendas y tomar la decisión de «querer querer».

«Si quieres cambiar el mundo, ve a casa y ama a tu familia», dijo santa Teresa de Calcuta. No tengas miedo a entregarte a tu otro, porque lo único que puede pasar es... que seas inmensamente feliz.

Paloma Blanc,
@7paresdekatiuskas

PRÓLOGO DE MIS HIJOS

La gran aventura de nuestros padres empezó el 18 de noviembre de 1988. Aunque ninguno de nosotros estaba, estamos convencidos de que fue un fiestón. Allí, en ese "SÍ" resonando en la Basílica de Nuestra Señora de la Mercè, se escondían muchas ilusiones, muchos anhelos, muchos sueños. Muchas ganas de querer quererse. Muchísima alegría. Todo eso sí que lo hemos podido presenciar y lo seguimos haciendo, 35 años después. Ese "SÍ" resonante sigue vivo y lo vemos renovar diariamente, minuto a minuto en el matrimonio de nuestros padres.

Como hijos, hemos tenido la inmensa suerte de vivir este ejemplo en casa. Un ejemplo alegre de entrega, de cariño, de priorizar siempre al otro. De pequeños, recordamos que al *papo* (así es como le llamamos…) le gustaba que nos quedara claro su orden de prioridades. Nos lo repetía: "Para mí, lo primero es Dios, luego va la *mare,* luego vosotros y luego los amigos, el trabajo y todo lo demás". Y así era y sigue siendo en ambos. La fe, el pilar fundamental de sus vidas, la base de todo y el sustento de una vida y un matrimonio muy feliz. Y el otro, siempre después o a través de ese Amor a Dios.

También lo hemos podido ver en los pequeños detalles de cada día. Esa llamada al mediodía, esas flores de vez en cuando, nunca una crítica a las espaldas, siempre procurando evitar discutir delante de nosotros, sus escapadas románticas de fin de semana… incluso simplemente a Barcelona, esa sonrisa al llegar a casa de trabajar aun estando agotado, esos bailes *agarraos*…

Uno de los secretos de su matrimonio es que nuestros padres hablan mucho. Siempre dicen que en los cursos de orientación familiar que frecuentaban, la clave o el problema principal de los conflictos que se planteaban, era la falta de comunicación. En sus charlas lo dice: hay que hablar, hablar, hablar, hablar… y hablar. De hecho, en nuestra adolescencia, si ibas a contarle algo peliagudo a la mare, sabías perfectamente que ese mismo día lo sabría el papo. Algún suspenso, alguna cosilla mal hecha… Era evidente. Todo se habla, no hay secretos, todo es de los dos. Nuestra madre siempre ha estado en casa por las tardes cuando volvíamos del cole y nuestro padre ha trabajado hasta tarde, pero siempre ha estado presente gracias a esta unidad que vemos en ellos, en esa comunicación constante y en que daba su vida por no perderse nada importante (o no tan importante pero sí "importante" para nosotros, como dibujos para trabajos del cole en los que podía quedarse horas y horas para que quedara estupendo).

Creemos que este libro puede ayudar a todas esas personas que quieren tener un ejemplo de que el matrimonio es un CHOLLO y que se puede ser muy feliz, y que no han tenido la suerte de tener referentes cerca para poder palparlo de primera mano. No es un libro de "tips para un matrimonio feliz" ni de autoayuda. Es un libro ágil y fácil de leer que acerca la maravilla del matrimonio a todos de una manera muy práctica.

Estamos seguros de que, a veces, no habrá sido fácil. Que ha sido y es un camino de mucha lucha, paciencia, y de salir de uno mismo. Pero os podemos asegurar que ha sido y está siendo un camino feliz. Y cuando vives cerca de personas felices… te contagias. ¡SE PUEDE SER MUY FELIZ! ¡Hay que ser feliz!

Todo lo que dice este libro es real y nosotros, sus hijos, damos fe de ello. Ese amor de lucha y entrega, pero FELIZ, DISFRUTÓN, es real. Desde el título hasta la última línea: ese *dancing in the kitchen* también es auténtico.

En casa siempre hemos tenido encargos desde que tenemos uso de razón. Hasta los dos hermanos que aún vivimos en casa seguimos con encargos. Nunca es agradable fregar platos, o barrer, pero recordamos con inmenso cariño las farras que hemos montado en la cocina. Ese *dancing in the kitchen* es real. Mientras uno fregaba platos y cazuelas, otro barría, otro recogía la mesa, otro limpiaba zapatos… nos poníamos la música a todo trapo y bailábamos todos. Hasta el perro que teníamos había bailado en la cocina. Evidentemente, no cada día (no somos unos frikis) pero cuando la situación se daba, o se da, es un planazo para todos, y no era algo puntual. A nuestros padres siempre les ha gustado bailar agarraos, sea la canción que sea. Han bailado agarraos desde Freddy Mercury hasta C. Tangana. Y parece una chorrada, pero no lo es. Nuestros padres bailaban juntos y se partían de la risa, y nosotros lo veíamos. Puedes no darle importancia, pero la tiene. Es hacer material ese amor que se tienen, hacer visible que se puede ser muy feliz, y feliz de verdad.

En las series, pelis y vidas de los influencers de hoy se oye que no vale la pena comprometerse, se nos plantea un "amor" superficial, utilitario, egoísta al fin y al cabo. Un "te amo con locura… mientras dure". Vacío y egocéntrico. ¿Cuántas personas conocemos que sean plenamente felices viviendo un amor así? ¿Quién de todos estos que defienden un amor caprichoso, un jugueteo, pueden decir que tienen una vida plena? En este libro, en cambio, se habla de entrega, de querer querer, de voluntad, de currárselo, de fidelidad… y detrás tenemos un autor (un matrimonio) feliz. Sin postureos. Ojalá este libro sirva para que muchas personas vean que es posible, es real y se puede disfrutar mucho en el matrimonio. En las páginas de este libro se pone el listón alto, pero no se leen mandamientos o preceptos, sino que se respira ilusión. Noviazgo y matrimonio (toda la vida cristiana en general) son así: van más de deseos grandes que de prohibiciones.

Ojalá este libro no te deje indiferente, ni a ti, ni a tu marido/mujer. Vale la pena luchar por este AMOR que aquí se describe y no quedarse con minucias o sombras de un amor que pudo ser.

Gracias por comprar el libro, a ver si el papo se estira y con los beneficios podemos comprar un altavoz nuevo para la cocina (es broma…). Gracias de corazón, estamos convencidos de que llenando el mundo de matrimonios felices, haremos un mundo mejor.

Mariola, Judit y Mateu, Toni
y Natàlia, Mateu, Jaume.

SEAN CONNERY

No te gires… en la mesa de detrás tienes a Sean Connery.

Y es que no sé si a vosotros os pasa, pero nosotros cada vez que vamos a un restaurante, a un hotel o a tomar algo, nuestra especialidad es encontrar parientes, conocidos y, casi siempre, famosos. Las risas empiezan y, las ganas de girarse son incontrolables, finalmente, disimulando, como quien busca al camarero, se gira y los dos nos reímos con ganas…

Estamos en un chiringuito de playa en la Costa Brava, en una de las mesas está un abuelo clavadito a Sean Connery pero mayor, al menos bastante mayor al Sean Connery que recordamos. Se le parece un montón: camisa blanca, gafas de sol, dando la mano a su esposa, también mayor, con los labios pintados color carmín, muy elegante y guapa, con blusa blanca, los dos con su cervecita, sin decirse nada y mirando el mar.

Es una estampa maravillosa: dos abuelitos de la mano, tomando una caña y disfrutando del paisaje. Nos miramos y sin decírnoslo, los dos sabemos qué pensamos… y es que con los años, una mirada basta para saber qué piensa el otro. Qué pasada, esto sí que es el éxito en el matrimonio, aunque no sepamos nada de su vida, solo la estampa lo dice todo. Triunfar en el matrimonio no es casarse, el éxito del matrimonio es llegar al final de la vida juntos y disfrutando, porque el matrimonio no es un palo, el matrimonio no es un tormento, el matrimonio es una pasada.

El tema no es durar, el tema es disfrutar, y mucho. Cuántas veces hacemos u oímos comentarios del tipo: "qué aguante", "venga, que lo habéis conseguido", "la institución del matrimonio en la época de Cristo era para toda la vida porque se moría a los treinta", "esto del matrimonio para siempre es imposible", "el amor dura dos o tres años"... Parece una quimera y no es verdad. El matrimonio para siempre es posible y, aunque es cierto que actualmente es menos frecuente, todos tenemos muchísimos ejemplos: padres, abuelos o conocidos, y es que todos nos casamos con esa intención, "hasta que la muerte nos separe". Mejor dicho: para toda la Vida...

Disfrutamos tanto de nuestro matrimonio y conocemos a tanta gente que disfruta, que no podemos callar. He decidido escribir este, vamos a llamarlo, librito, sin ninguna pretensión, pero sí con muchísima ilusión y con ganas de contagiar el matrimonio alegre, disfrutón y para siempre.

Nosotros somos católicos, enamorados de Cristo, pero si tú no lo eres, no te preocupes, este libro también es para ti. Intentaré hacértelo pasar bien y seguro que sacarás ideas positivas para tu matrimonio o para tu relación, porque el objetivo de este libro es removerte, sacudirte, animarte, que te den ganas de disfrutar, que cada cuatro páginas le des un besazo a tu marido, que después de leer algunos capítulos te animes a achuchar a tu mujer y le digas cuarenta veces que la quieres y que la quieres más que el primer día, mucho más.

Vamos a hablar del matrimonio desde una perspectiva de unos cuantos años. Se habla mucho del noviazgo, de los primeros años, de las crisis… pero hay pocos libros que hablen de los matrimonios veteranos, de los de medalla. Venga, vamos a pasar un rato agradable, espero que te guste y sobre todo que te sea útil. ¡¡A disfrutar!!

EL ESCRUTINIO

10.000 dólares

La Sra. Donelan Andrews iba a firmar un contrato con la compañía Squaremouth, aseguradora de viajes. Andrews tenía la costumbre de leer siempre la letra pequeña de todo lo que firmaba. Cuando iba por la séptima página de la letra pequeña del contrato, vio que la compañía había organizado un concurso. El texto decía: "Si ha leído hasta aquí, es que es uno de los pocos clientes de Squaremouth que lee toda la documentación sobre términos y condiciones. Llame a la compañía y tendrá una recompensa". La recompensa: ¡¡¡un premio de 10.000 dólares!!! La compañía asegura que había entregado 73 contratos antes de que la Sra. Andrews llamara. Nadie lee la letra pequeña de los contratos, ¿tú la lees? Y es cierto que es importante hacerlo, pero cuántas veces firmamos sin saber lo que hacemos. "Firme aquí", y marchando.

Los que estamos casados por la Iglesia hemos firmado el contrato más importante de nuestras vidas, sí. Es verdad que a veces firmamos hipotecas que nos acompañan hasta que nos muramos, pero el "contrato" que los cristianos firmamos cuando nos casamos, el famoso CONSENTIMIENTO es, sí o sí, para siempre, y además no tiene letra pequeña. El contrato más importante de tu vida y sin letra pequeña. No tiene letra menuda, pero sí unas preguntas previas, en lo que se llama el ESCRUTINIO.

Vamos a recordar qué nos preguntó el sacerdote el día de nuestra boda. Recuerdo que nuestro querido amigo Mn. Joan Puig nos dijo: "Os haré tres preguntas previas y tenéis que responder 'sí' a las tres". El Papa Francisco nos insiste mucho a los que realizamos cursos prematrimoniales que hay que profundizar en el escrutinio, estas tres preguntas son básicas para entender y tener claro lo que vamos a hacer.

El Libro del ritual del matrimonio dice: "Los novios tienen que responder a la vez a estas tres preguntas previas antes de darse el sí mutuo para unirse en matrimonio. Son las tres preguntas que afectan a lo esencial del matrimonio. Si se respondiera negativamente a alguna de ellas, o se mintiera a la hora de dar la respuesta, el matrimonio no sería válido". Como se ve, el tema no es baladí, es algo realmente importante. Vamos a ver qué nos preguntaron y qué respondimos. Es un buen momento para que repases estas preguntas. ¿Recuerdas el día de tu boda? Ponte en situación, recuerda.

La primera pregunta dice:

¿VENÍS A CONTRAER MATRIMONIO
SIN SER COACCIONADOS, LIBRE
Y VOLUNTARIAMENTE?

Y respondimos:

"SÍ, VENIMOS LIBREMENTE".

Cuando leemos esta pregunta, siempre pensamos que está "chupada", por supuesto, está claro, evidente. Esta pregunta parece que solo sea para aquellas bodas por interés, bodas por papeles o por obligación, no va con nosotros… pero si la repasamos con atención, veremos que no hace falta pensar en casos tan extremos. ¿Cuántos novios después de llevar años juntos dudan ante la boda y piensan: "Si la dejo o lo dejo, el futuro suegro me mata", "no lo tengo claro, pero ya no hay marcha atrás", "ya tengo una edad y si no es con este (esta), me quedo soltero"… ¿Nos casamos libremente?, ¿No tenemos ninguna coacción por pequeña que parezca? El matrimonio es un acto libre, decidimos libremente cada uno decir que sí, porque nos "da la gana", y es un requisito básico: sin libertad, no hay matrimonio.

Vamos a por la segunda pregunta del escrutinio:

¿ESTÁIS DECIDIDOS A AMAROS Y RESPETAROS
MUTUAMENTE, SIGUIENDO EL MODO DE VIDA PROPIO
DEL MATRIMONIO, DURANTE TODA LA VIDA?

Y respondimos:

"SÍ, ESTAMOS DECIDIDOS".

Esta ya es más *heavy, heavy, heavy:* durante toda la vida, o sea, para siempre. No hay "letra pequeña", solo tres preguntas, pero esta tiene tela: para toda la vida, para toda la vida… resuena en el eco del templo: para toda la vida. ¿Me puedo comprometer a algo para toda la vida? Amarnos toda la vida… pero ¿el amor no va y viene? ¿Es posible comprometerse a amar para toda la vida? Si nos lo preguntan, será que sí, que es posible, de hecho conocemos a muchos que lo han conseguido, muchísimos… ¿Nos amaremos toda la vida? ¿Me puedo decidir a amarte toda la vida? Aquí está el tema. SÍ, nos podemos comprometer a amar para toda la vida porque amar no solo es sentir. Pero no nos adelantemos, ya hablaremos largamente del tema: sentir y amar, ahí esta el asunto. Podríamos decir, asegurar, que no me puedo comprometer a sentir, eso está claro, a veces se siente y otras veces no se siente, pero a amar, a querer, sí que podemos comprometernos porque el amor es fruto de la voluntad; me comprometo, estoy decidido a hacerlo, pondré todos los medios, sí, sí, sí me comprometo a quererte. Amar es querer el bien del otro y eso sí que lo quiero y me veo capaz de conseguirlo. Me caso para amarte, no porque te amo. Chesterton, muy agudo siempre, decía: "Es feliz el hombre que se casa con la mujer a la que ama, pero es mucho más

EL ESCRUTINIO I 27

feliz el hombre que ama a la mujer con la que se ha casado".

Volvemos a decir que "Sí", que estamos dispuestos y la cosa ya empieza a ponerse seria. Hablaremos mucho sobre este tema a lo largo del libro, pero nadie puede decir que no le avisaron. Si os casasteis por la Iglesia, antes del momento del matrimonio, del consentimiento, os lo preguntaron y contestasteis que sí... y aquí estamos. Para siempre, para siempre, para siempre...

Pasamos a la tercera y última pregunta de este famoso escrutinio:

¿ESTÁIS DISPUESTOS A RECIBIR DE DIOS RESPONSABLE Y AMOROSAMENTE LOS HIJOS, Y A EDUCARLOS SEGÚN LA LEY DE CRISTO Y DE SU IGLESIA?

Y respondimos:

"SÍ, ESTAMOS DISPUESTOS".

Bueno, bueno... estamos a unos segundos de casarnos y ya nos hablan de los hijos... Vamos a fijarnos bien en la pregunta. La Iglesia nos pregunta si estamos dispuestos a recibir de Dios los hijos; interesante ver que los hijos los recibimos de Dios, es Dios quien nos los da. Nosotros tenemos que estar dispuestos, pero ahí viene lo que me gusta: "responsable y amorosamente", con responsabilidad y con amor, nuestros hijos van a ser fruto de nuestro amor. Del amor de los esposos nacerán los hijos, don de Dios, y seremos los padres y solo los padres quienes decidiremos responsablemente, delante del Señor, este tema. ¿Cuántos hijos tendremos? ¿Cuántos nos gustaría tener? ¿Cuántas situaciones nos deparará la vida que tendrán tanta importancia en esta decisión basada en el amor y la responsabilidad? En esta pregunta, no solo le decimos a Dios y a todos los presentes que estamos abiertos a la vida, sino que le decimos que si tenemos hijos, los educaremos según la ley de Cristo y de su Iglesia, y aquí nos han "pillao". La educación cristiana de nuestros hijos no la decidimos cuando van a empezar primero de primaria, estamos dispuestos a educarlos desde este momento, previo a casarnos, en que se lo decimos al Señor: "Estamos dispuestos, cuando los tengamos, a educarlos según la ley de Cristo y de su Iglesia".

Finalmente hemos respondido afirmativamente a estas tres preguntas que afectan a lo esencial del matrimonio, nos gusta recordarlo siempre porque todos los casados contestamos que sí en su día, y muchas veces no somos conscientes de lo que nos preguntaron, ni de lo que contestamos. Aquel día estábamos nerviosos, la novia estaba radiante, preciosa y una horquilla del cabello que sujetaba el velo nos hacía sufrir por si saltaba y se desmoronaba la obra de arte que había hecho la peluquera, el primo de Murcia nos saludaba desde el tercer banco y la cara del futuro suegro no sé si era de emoción o de "mala leche".

El caso es que entre nervios decimos que sabemos lo que nos hacemos, que venimos totalmente libres, sin ninguna coacción, que esto es para siempre, para siempre, y que cuando tengamos hijos, los aceptaremos responsable y amorosamente si Dios quiere dárnoslos, los educaremos según la ley de Cristo y de su Iglesia, o sea, que haremos de nuestros hijos unos buenos cristianos, al menos haremos lo posible para que lo sean, siempre contando con la ayuda de Dios. Y aquí estamos, a unos instantes de recibir el Sacramento del Matrimonio, en mayúsculas.

Ahora viene el momento importante, ¡¡atentos!!

EL CONSENTIMIENTO

Pase lo que pase. Para toda la vida

El consentimiento es el momento crucial en la celebración del matrimonio, de hecho, es EL MOMENTO. Justo en el instante que nos digamos el "SÍ", el uno al otro, ya sea en la forma leída o en la forma dialogada, somos marido y mujer. Un segundo antes somos solteros, un segundo después estamos casados: "pim pam".

Si tienes dudas, echa a correr, como en la peli *Novia a la fuga*, no pasa nada, todavía estás a tiempo. Será un "fregao", pero más vale un segundo antes que un segundo después.

Antes de hablar concretamente del consentimiento, cabe decir que, en el matrimonio cristiano, los que nos casamos somos los propios esposos, no nos casa nadie, nos casamos nosotros. De una manera más seria, diríamos que el ministro del sacramento del matrimonio son los propios contrayentes. El sacerdote es un testigo, cualificado, pero un testigo. Nuestros amigos o parientes designados serán los testigos que más cerca de nosotros verán y oirán lo que nos decimos y darán fe, por eso estamparán su rúbrica. El resto de invitados a la celebración, el primo de Murcia y todos los familiares y amigos son el pueblo de Dios que asisten a tan gran evento. Un hombre y una mujer que se dicen el uno al otro que se quieren y que se querrán para siempre. Sí, sí, eso es lo que pasa en este instante, increíble.

El sacerdote invita a los contrayentes a expresar el consentimiento: "Así pues, ya que queréis contraer santo Matrimonio, unid vuestras manos y manifestad vuestro consentimiento ante Dios y su Iglesia".

Existen tres formas de consentimiento, utilizar una u otra casi siempre dependerá de la vergüenza de los novios a leer más o menos en público, del miedo escénico, de alguna dificultad o de la predilección de los novios o del sacerdote. A mí me gusta la primera, que es la más habitual, la leída, la de toda la vida.

El Ritual dice: "Ahora los novios es cuando se entregan y reciben mutuamente, para ser una sola carne, para unir sus vidas para siempre".

YO, PEP, TE RECIBO A TI, MERCÈ, COMO ESPOSA Y ME ENTREGO A TI, Y PROMETO SERTE FIEL EN LA PROSPERIDAD Y EN LA ADVERSIDAD, EN LA SALUD Y EN LA ENFERMEDAD, Y ASÍ AMARTE Y RESPETARTE TODOS LOS DÍAS DE MI VIDA.

YO, MERCÈ, TE RECIBO A TI, PEP, COMO ESPOSO Y ME ENTREGO A TI, Y PROMETO SERTE FIEL EN LA PROSPERIDAD Y EN LA ADVERSIDAD, EN LA SALUD Y EN LA ENFERMEDAD, Y ASÍ AMARTE Y RESPETARTE TODOS LOS DÍAS DE MI VIDA.

Entonces desde el fondo de la iglesia y a pleno pulmón tendría que oírse una voz que gritara: "¡¡¡ESTÁIS LOCOS!!!". Y es que no es para menos. Lo que acabamos de hacer es de locos y actualmente parece que más; estamos verdaderamente locos, locos de amor. Locos perdidos, y lo acabamos de decir delante de Dios y de su Iglesia, sabiendo que solos no podemos, nos hemos comprometido a algo bestial, pero con Dios y con su gracia lo podemos todo. Y por eso tantas veces le podemos decir al Señor: "Yo me comprometí delante de ti, ahora te necesito, ayúdame". Y os aseguro que Él no falla.

Una vez terminada la celebración, al salir de la iglesia y después de mil fotos, en lugar de ir a buscar el Libro de Familia o el documento pertinente al registro civil, habría que ir a un salón de "tatoos" y pedir que nos tatuaran el consentimiento con una letra "choni" en el antebrazo para que, a partir de este momento, no nos olvidemos nunca más de lo que hemos firmado, a lo que nos hemos comprometido. Si no sois muy de "tatoos", no hace falta que os lo tatuéis, pero es importante tenerlo siempre presente, hay que tenerlo a mano: en una nota en el móvil, es bueno tenerlo escrito, aunque te lo sepas de memoria. Este es un buen consejo para los matrimonios, tener el consentimiento en el móvil y recurrir a él siempre que sea necesario.

Tenemos unos buenos amigos que fabrican hamburguesas, muchas hamburguesas, pensad que un "pack" de cuatro hamburguesas en el súper vale unos pocos euros; para ganarse la vida tienen que fabricar miles de hamburguesas, además es un producto fresco, entre fabricarlas, distribuirlas y venderlas solo pueden pasar unos pocos días. A menudo quedamos para cenar, es frecuente que, en la sobremesa y con una buena copa en la mano, hablemos de trabajo, ellos sacan con frecuencia el tema de los contratos, el contrato con tal cadena de distribución o con tal otra; cuando unos supermercados quieren cualquier modificación de precio o de calidad, hay que recurrir al contrato: vamos a ver, ¿cómo quedamos?, ¿qué decidimos?, ¿qué firmamos? En el matrimonio pasa igual, (perdón por compararlo con una simple hamburguesa): hay que recurrir con frecuencia al contrato, y nos daremos cuenta de que nos hemos comprometido a mucho.

Nos hemos comprometido —porque hemos querido— a amarnos, o sea, a hacernos felices el uno al otro para siempre, pase lo que pase. Repetimos, pase lo que pase, nos vayan las cosas bien o mal, estemos sanos o enfermos, tengamos o no tengamos hijos, pase lo que pase. Locos, locos pero muy locos de amor.

Nosotros nos casamos en 1988 en Barcelona, en la Basílica de Nuestra Señora de la Mercè, a la que le tenemos mucha devoción. La celebración fue en catalán, nuestra lengua materna, y en catalán en lugar de decir "TE AMARÉ Y TE RESPETARÉ" decimos "T'ESTIMARE I T'HONORARE", que vendría a decir: "Te voy a querer y te voy a honrar, a dar honor". ¿A quién se le da honor? Actualmente a pocas personas, esto del honor como que está en desuso. Se da honor a la gente importante, a un rey, a un príncipe. Podríamos decir: "Te voy a amar, pase lo que pase, sea lo que fuere y además te voy a tratar como a un rey, como a una reina, o sea, me voy a desvivir por ti para que seas feliz, sienta o no sienta, haré todo lo que esté en mi mano". Porque amar, y repetimos y seguro que lo repetiremos muchas veces, es querer el bien del otro. Eso es lo que hemos firmado: te quiero, te quiero y te voy a querer.

Por cierto, ya llevamos unas cuantas páginas, si tienes a tu marido, a tu mujer, a tu novio, a tu pareja cerca, deja el libro, levántate, dale un besazo y dile que le quieres, ya seguiremos con la lectura en otro momento. Como dice mi amigo Víctor Küppers: "Lo más importante en la vida es que lo más importante sea lo más importante" (él me dice que la frase no es suya, que es de Stephen Covey, pero yo siempre se la he escuchado a él) y si no, qué más da, dale…

ANTROPOLOGÍA DE ANDAR POR CASA

El perro pijo de la calle Serrano

La antropología es la ciencia que estudia el conocimiento de las personas, cómo somos los seres humanos.

No os preocupéis, va a ser algo muy sencillo: antropología explicada por un dentista… algo muy asequible, pero es muy importante que le demos unas vueltas a este tema.

Cuando íbamos al cole, hace más de cuarenta años, nos enseñaron, y supongo que a vosotros también, que los hombres somos animales racionales, que lo que nos distingue a los hombres de los animales es la capacidad de razonar.

¿Qué piensan los animales?, ¿qué sienten los animales? La verdad, no lo sabemos; lo que sí está claro es que los animales no tienen la voluntad de hacer las cosas, los animales actúan por instinto, los hombres tenemos la voluntad y la libertad de hacer las cosas. La razón es inteligencia y voluntad, pienso y decido actuar en consecuencia.

El perro más pijo de la calle Serrano de Madrid, blanco, recién salido de la peluquería canina, con una cadenita de marca, de la mano de una chica guapísima... si tiene sed y ve un charco, sí o sí, bebe agua, ya puede estar el agua limpia, sucia o podrida, si el chucho tiene sed, beberá y lo tendremos dentro del charco embarrado con el consiguiente enfado de la propietaria que lo llevaba de un blanco impoluto. Un hombre sediento, muy sediento, con mucha más sed que el perro pijo, ante un vaso de agua puede decidir beber o no beber, por lo que sea, porque el agua está caliente o porque está fría, porque está verde, porque no quiero o porque estoy haciendo la dieta del pepino. Las personas somos infinitamente más libres que los animales, porque la razón nos permite, voluntariamente y guiados por la inteligencia, tomar la decisión que queramos. Decido no beber, por mucha sed que tenga.

Los animales actúan movidos por su instinto, nacen, crecen, se reproducen y mueren... Los hombres podemos hacer lo que nos dé la gana, un animal, no. Somos tan libres que podemos actuar incluso contra nosotros mismos.

La tantas veces mal entendida libertad es el gran tema, además un misterio: los hombres somos libres, totalmente libres, sí, aunque no te lo creas.

¿Os imagináis que los animales tuvieran el mismo placer que tenemos los hombres cuando tenemos relaciones sexuales? Y que pudieran montarse siempre que quisieran, no solo en periodo de celo. Esto sería un festival, las calles estarían llenas de perros cubriéndose: "Menudo pastor alemán más atractivo, no veas ese gran danés espectacular", diría el chihuahua… Un desastre… Solo los seres humanos tenemos este regalo y por eso no nos cubrimos ni nos montamos, tenemos relaciones sexuales, ¡¡relaciones!! Y ¡¡¡hacemos el amor!!!, ¡¡el amor!!

Las vacas no hacen el amor.

Somos libres para amar. Estamos creados para la comunión.

"El hombre, única criatura terrestre a la que Dios ha amado por sí mismo, no puede encontrar su propia plenitud si no es en la entrega sincera de sí mismo a los demás" (*Gaudium et Spes*, 24).

Retomemos el tema de las emociones. No hace muchos años, poco más de un siglo, se le empezó a dar más importancia a los sentimientos, a las pasiones. Durante mucho tiempo se han menospreciado, es más, se las tachaba de peligrosas, se debían evitar, la razón era lo importante, las emociones y las pasiones desorientaban a los hombres… y no es verdad. Las emociones son importantes, está claro que sí, influyen mucho en nuestras vidas. Es más, no solo son buenas, sino que son inevitables y necesarias. Hay autores que incluso dicen que las personas somos animales racionales, emocionales. Nos entran los *inputs* por los sentidos, por eso les llamamos sentimientos. Esas emociones las pasamos por la cabeza y actuamos en consecuencia, ese sería el orden lógico. Siento, pienso y decido actuar.

Ya he dicho que era una antropología de andar por casa, que me perdonen los entendidos, es evidente que los especialistas en la materia diferenciarán lo que son sentimientos de lo que son emociones o pasiones, yo me refiero a todo aquello que nos rodea e influye.

Toda la vida es encontrar un equilibrio entre lo que sentimos, lo que pensamos y lo que hacemos. Sentir, pensar y actuar. Toda la vida.

Un bebé siente poco, piensa poco y no hace nada. Duerme, come y llora. Cuando vemos un chaval de cinco, ocho, diez años decimos: "¡¡Es un animal!!". Porque no para quieto: salta, corre, se cae, se levanta… Siente poco, piensa poco y "hace" mucho. Llega la adolescencia, somos todo corazón… Sentimos mucho, todo emoción, y tantas veces en esta época, movidos por los sentimientos, actuamos sin pensar o pensando poco, y nos enamoramos mucho, mucho y nos enfadamos mucho, y sufrimos y tomamos decisiones, quizá precipitadas y muchas veces equivocadas, movidos por los sentimientos y las emociones, que nos acarrearan consecuencias para toda la vida, pero también es una época preciosa, de amistad, de independencia. Se acaba la adolescencia, vamos finalizando la formación, los estudios, empezamos la que podríamos llamar época adulta, adultos jóvenes y nos creemos que somos los "reyes del mambo". Salimos de la uni y parece que lo sabemos todo. Empezamos a trabajar, si el mercado laboral nos lo permite, que actualmente no está nada fácil, y entonces nos ficha un dentista, porque hemos estudiado odontología, y resulta que el dentista que nos contrata es un veterano y nos parece que nosotros sabemos mucho más que él, "estamos a la última", acabamos de salir de la universidad y además hemos hecho un máster carísimo. Empezamos a trabajar y tomamos decisiones y empezamos a tener nuestros primeros fracasos, porque no todo es tan fácil como parecía en los apuntes, la "veteranía es un grado" y a base de experiencia, preparación y, por qué no, fracasos y éxitos llegamos a la madurez. Somos adultos y entonces cuando te asalta una situación, un sentimiento, una emoción, la razón actúa y tomas la decisión más acertada, pero quizá ya no tan entusiasta, porque la ilusión y entusiasmo de la juventud van disminuyendo, pero se acrecienta la paz, y conforme vas cumpliendo años sientes mucho, piensas mucho y actúas con más prudencia y, cuando eres un abuelito, todo vuelve a ser sentimiento, nostalgia, piensas un montón, disfrutas de la vida pero el cuerpo ya te condiciona, ya no ayuda para poder hacer muchas cosas.

Toda la vida es un equilibrio entre lo que sentimos, lo que pensamos y lo que hacemos. Desde que nacemos hasta que nos morimos, es así.

Tengo un amigo, Luis, que se ha casado tres veces. Un día me encontré a su tercera esposa, Cris, y con lágrimas en los ojos me dijo:

—Luis me ha dejado.

—¿Pero, cómo?

Es un buen amigo y le llamé:

—¿Qué pasa, tío? No sabía que lo habías dejado con Cris.

—Sí, hemos pasado unos años muy buenos, pero últimamente ya no sentía nada. Me he enamorado de otra.

—Pero, si se os veía muy bien.

—No te creas, ya llevábamos un tiempo mal, fatal. Conocí a Marta y me he enamorado, me encanta, no puedo luchar contra los sentimientos, tío, ya te la presentaré, ¡¡una caña!!

"NO PUEDO LUCHAR CONTRA LOS SENTIMIENTOS". Cuántas veces hemos oído esta expresión. ¿Se puede luchar contra los sentimientos?, ¿hay que luchar contra los sentimientos?, ¿siempre tenemos que luchar para rechazar lo que nos apetece?, ¿vale la pena dar rienda suelta a los sentimientos? Es un tema apasionante, de mucha actualidad, la sociedad nos dice: siente, siente no te cortes, y cuando dejes de sentir, a por otro, a por otra, esto va y viene, sentir, sentir… El amor no dura…

Por supuesto que hay que luchar con los sentimientos, esos sentimientos que nos pueden llegar tantas veces, hay que valorarlos, hay que pensarlos, hay que "razonar-los", hay que "pasarlos por la cabeza" y después actuar movidos por la inteligencia y la voluntad.

Yo llevo más de 30 años casado con Mercè y me puedo enamorar cada día de otra, porque el enamoramiento es un sentimiento y "te viene", pero ese sentimiento, tantas veces loco y descontrolado, hay que pasarlo por la cabeza y, con inteligencia y voluntad, rechazarlo o aceptarlo…

Entonces, ¿siempre tenemos que actuar movidos por la razón?, ¿incluso en temas de amor?, ¿pero el amor no es un tema del corazón? Ahí está el tema, aquí radican la mayoría de los problemas en los matrimonios, en las parejas: confundimos el amor con el enamoramiento, confundimos el sentimiento con el compromiso de amar. Podríamos escribir una enciclopedia, páginas y páginas hablando del amor, pero el tema siempre es el mismo: una cosa es sentir y otra es amar.

"Me puedo comprometer a querer, a amar, pero no me puedo comprometer a sentir".

No sé quién lo dijo, pero este es realmente el tema.

El sentimiento va y viene, el amor, que también es un sentimiento, razonable, lo podemos trabajar, lo debemos trabajar. El amor es querer el bien del otro, el amor es pensar en el otro, el enamoramiento, el sentimiento, es pensar en mí, cómo me siento yo, el amor es cómo te hago sentir a ti, es salir de uno mismo para amar. "Querer querer". Casi que aquí ya podríamos terminar el libro, y no hemos hecho más que empezar, pero en esto radica el secreto, aquí está la gracia del tema, no qué siento yo, cómo me siento yo, sino cómo te hago sentir a ti, cómo estás tú.

Por eso, al casarnos nos comprometemos, podemos comprometernos, porque depende de nuestra voluntad, de lo que queremos hacer: te voy a tratar muy bien, te haré feliz, me esforzaré un montón para que disfrutes y si los dos nos comprometemos, y, además, contamos con la ayuda de Dios, a través de la gracia que nos da el sacramento, la cosa está hecha. Éxito asegurado. Sí, ya sé que la teoría es muy fácil pero el día a día es otra cosa. No he dicho que sea fácil, no lo es, de hecho, ninguna cosa que de verdad valga la pena en la vida es fácil, requiere esfuerzo, requiere dedicación, requiere sacrificio. Si quieres estar "cachas", hay que pasar un montón de horas en el gimnasio, si quieres estudiar una carrera hay que "echarle codos" a montones, y no digamos si quieres conseguir una plaza en unas oposiciones; pero este esfuerzo te comporta muchas satisfacciones, por eso nunca hay que ver el matrimonio como una carga, ni solo como un sacrificio, sino como una alegría, un gozo. Yo actúo así porque te quiero, porque quiero que seas feliz, porque me encanta verte contento, porque quiero quererte, porque deseo quererte. "Te quiero", díselo, díselo una y mil veces. Y si me esfuerzo, que me tendré que esforzar, sentiré, sentiremos, nos reenamoraremos, disfrutaremos y será una pasada.

De alguna manera hemos empezado a hablar de las fases del Amor y pienso que es muy importante hacerlo.

LAS FASES DEL AMOR

La gracia de escribir sobre el enamoramiento y el amor es que no hay que ser un especialista en el tema, de hecho, ¿quién es especialista en el amor? Como dice mi amigo Javier Vidal-Quadras, un *crack* en el tema, los especialistas en el amor somos los que amamos, y en eso deberíamos ser todos unos "másters". Todos somos amantes y los que llevamos años de matrimonio somos verdaderos especialistas en el tema porque a amar se aprende amando.

A mí me gusta clasificar en tres las etapas del amor, pero si tú, que eres tan especialista como yo, te parece que las etapas deben ser veintitrés, pues me parecerá fenomenal.

Para mí las etapas del amor son: ATRACCIÓN, ENAMORAMIENTO Y AMOR. Son etapas correlativas, sí, pero una no sustituye a la anterior, la perfecciona y nos va mejorando como amantes, hombres y mujeres que nos amamos, con sus más y sus menos toda la vida.

Atracción

Tú ves a uno y sientes algo, un "qué", un "ay", un "no sé"… bueno ya sabes, seguro que te ha pasado.

La atracción es imprescindible para que surja el amor y de entrada esa atracción acostumbra a ser física, aunque no exclusivamente física. Es verdad que es difícil que te resulte atractiva una persona que físicamente te cause "repelús", una cierta atracción física es necesaria.

La suerte es que, para gustos, colores, y, además, por suerte, las mujeres os fijáis en muchísimas cosas.

Yo soy el mayor de diez hermanos, siete son chicas y los hombres estamos situados el primero, el sexto y el noveno, o sea, que no hay dos hombres seguidos. Detrás de mí vienen cuatro mujeres que se llevan poco más de un año entre ellas. Recuerdo la etapa adolescente en casa con largas sobremesas sobre lo atractivos que eran los chicos de la zona. Hay una expresión femenina que nunca he entendido: "Este no me gusta porque es demasiado guapo"… ¡¡demasiado guapo!!… nunca he oído a un chico decir que una chica no le gusta porque es demasiado guapa, nunca, y es que es verdad que en este, como en tantos temas, somos tan distintos… Los hombres nos fijamos… no os diré en qué nos fijamos los hombres, pero está claro, y todos lo intuís, que en cosas mucho más simples… Cuando los hombres llegamos, las mujeres ya estáis de vuelta…

Cuando eres joven, estás soltero y te invitan a la boda de unos amigos, ya sabemos el dicho: "las bodas hacen bodas", y cuántas veces se ha cumplido. Conozco a un montón que se conocieron así. Uno espera la boda con ansias de conocer a alguien interesante y cuál es la sorpresa al acercarte al panel donde está colgada la disposición de las mesas (el famoso *sitting plan*) y resulta que, después de encontrarte en la famosa lista (muchas veces no es fácil), te han sentado al lado de la hija de unos amigos de tus padres. Hermana pequeña de tu amigo, que te resulta de todo menos atractiva. "Bufff, otra boda perdida" piensas, y te ves resignado a buscar la mesa correspondiente, sabiendo que te vas a encontrar a esa chica que no te atrae nada de nada. Entras en el comedor y ya la ves a lo lejos, es la única que está sentada en la mesa, te sientas a su lado, la saludas educadamente esperando que la cena pase rápido para poder levantarte e ir al baile con la "caña cargada", pero resulta que hacía tiempo que no os veíais (¡años!), que hay mucho ruido en el comedor, y una conversación entre toda la mesa es difícil. Empiezas a hablar con ella, porque la tienes más cerca, y te resulta muy atractiva, porque habla muy bien, porque va muy bien vestida, porque tiene una conversación muy agradable, qué sé yo, por mil cosas que hacen que te resulte sumamente interesante, y os dais el móvil y quedáis para seguiros viendo. Y aquella noche ya en casa, como que esa chica te viene recurrentemente a la cabeza… Otras veces la atracción es una mirada, una mirada sostenida… unas palabras, una coincidencia, mil situaciones que hacen que surja esa atracción que un día puede convertirse en amor.

Hay dos cosas que hacen a una persona muy atractiva: El ser AUTÉNTICA y el ser SERVICIAL, porque cuando queremos ligarlo acostumbramos a hacer muy mal. Queremos aparentar lo que en realidad no somos, nos queremos hacer los ricos cuando no tenemos ni un duro, nos queremos hacer los "fashion" cuando somos unos "cutres", o los deportistas cuando no hemos hecho deporte en la vida. Porque nos parece que así enamoraremos al otro: craso error. Hay que ser auténtico, presentarnos como somos de verdad, sin máscaras... Como dice mi amigo Jokin de Irala, el ser auténtico te hace "imán y barrera", porque la gente se acercará a ti, o se alejará, porque ven la realidad. No hay que tardar en descubrirla; todas las máscaras se caen por su propio peso; tarde o temprano te reconocerán como eres. No puedes estar siempre aparentando, no hace falta perder el tiempo.

Otra cosa que te hace muy atractivo es el servicio. El ser servicial, siempre, siempre triunfa, un : "Vete a echar tu la siesta que ya recojo yo la cocina..." vale mucho más que decirle trescientas veces que le quieres. Un "ya lo hago yo", un "voy" al instante... eso es una pasada, y tanto en el noviazgo, como en el matrimonio te hacen verdaderamente atractivo por feo que te sientas.

Esa atracción un día puede convertirse en enamoramiento...

Enamoramiento

Pero el enamoramiento es otro cantar, el enamoramiento es algo muy bonito, el enamoramiento TE VIENE, es un sentimiento potente, muy potente, que te cae como una ducha. *Heavy Metal*.

Nadie puede salir de casa y decir: "Hoy me voy a enamorar". El enamoramiento te atrapa, es puro sentimiento, y un sentimiento muy agradable, muy potente. Es verdad que puede ser más o menos fuerte y más o menos gradual, desde el flechazo de película al enamoramiento progresivo con alguien con quien no lo hubieras dicho nunca, como la hija de los amigos de tus padres que redescubriste en la boda de tus amigos.

Pero precisamente por eso, porque es un sentimiento va y viene.

Cuando tienes un hijo y está enamorado, se le nota a la legua, está radiante, más guapo y contento que nunca, y canta, incluso está más amable en casa y no hay que repetirle veinte veces las cosas, está que se sale, un signo inequívoco de que tienes un hijo enamorado, es que te lo encuentres limpiándose las zapatillas de deporte, no falla… pero fijaros que uno puede estar enamorado y muy contento, feliz, incluso sin ser, de entrada, correspondido. Ya llegará el día de bajón y se hundirá en la miseria, el día que la supuesta enamorada le diga que no. El enamoramiento es un sentimiento propio: YO ESTOY BIEN, yo me siento bien, pletórico, feliz, contento, porque sin tener que hacer nada me ha venido un sentimiento espectacular, explosión hormonal, algo importante.

Pero el enamoramiento hay que pasarlo por la cabeza, ese sentimiento superagradable hay que razonarlo: ¿me conviene?, ¿me quedo solo con el sentimiento hasta que dure?, ¿me esfuerzo para que ese amor que ha empezado llegue a más?…

A los jóvenes les digo que no es bueno casarse enamorado y al mismo tiempo les digo que hay que estar siempre superenamorado para casarse… y eso les descoloca.

¡¡¡El tema es que hay que estar enamorado, pero no tonto!!! Esa etapa primera de enamoramiento te limita la percepción de la realidad, solo ves las cosas buenas del otro, es difícil razonar, estamos cegados. Hace falta tiempo, parar y pensar. Cuidado con esa fase inicial del enamoramiento que tantas veces nos ciega. Podemos tomar decisiones de las que luego nos arrepentiremos, y el ambiente no ayuda para tomar una decisión razonada. Veamos cómo funcionan actualmente las series o las películas: dos se tropiezan un día o se cruzan una mirada en la máquina de café en la oficina, quedan para cenar, tienen una noche apasionada de sexo y, si acaso mañana, ya empezaremos a conocernos…

Casi siempre lo pintan así y los jóvenes creen que es lo normal: primero el revolcón y después ya veremos, es imprescindible parar y pensar. "Chill", tranquilidad…, sin quemar etapas.

Pero entonces, ¿hay que tomar todas las decisiones exclusivamente movidos por la razón? ¿Pero el amor no es algo más del campo de los sentimientos, un tema de emociones? Creo que no hay que tomar decisiones exclusivamente movidos por el corazón, pero tampoco exclusivamente guiados por la razón. Si solo tomamos decisiones movidos por los sentimientos, podemos ser unos eternos adolescentes, como mi amigo Luis, pero si solo utilizamos exclusivamente la razón, seremos unos plastas, unos repelentes. Imagina abrir una página de Excel e ir anotando las virtudes y defectos de tus amigos, para después sacar unos listados y decidir con quién te vas a casar, ridículo. "El bien está más cerca del corazón que de la razón".

Y para los lectores católicos; que yo sepa, no celebramos ninguna fiesta que haga referencia a la razón o a la inteligencia de Jesús, y eso que es infinita, sin embargo, le tenemos una gran devoción y cariño al Sagrado Corazón de Jesús… En Ti confío. (Si eres católico, díselo y si no lo eres… también puedes decírselo) "Sagrado Corazón de Jesús, en Ti confío".

Hemos dicho que, en principio, el libro era para matrimonios y se da por supuesto, o tantas veces pensamos, que esa época del enamoramiento apasionado ya pasó… Quién la pillara… ¿sí?, ¿ya pasó?, ¿ahora toca aburrirse, aguantarse? Veamos.

Amor

Ese enamoramiento razonado, pasado por la cabeza, da paso al amor, y el amor es fruto de la voluntad, como ya hemos dicho, y no me cansaré de repetir, el amor eres tú, el enamoramiento soy yo. Yo te amo porque quiero hacerte feliz a ti. Por eso, y lo vuelvo a repetir, nos podemos comprometer a amar, pero no nos podemos comprometer a sentir.

Nos casamos para amarnos, no porque nos amamos, aunque también, evidentemente nos amamos.

El tema es hacerte feliz a ti, y eso no es fácil, requiere voluntad y tantas veces esfuerzo; además, si nos hemos casado por la Iglesia, nos hemos comprometido delante de Dios a amarnos, en la prosperidad y en la adversidad, en la salud y en la enfermedad, pero no un resfriado o una pierna rota, no, ante una depresión inmensa, un cáncer terminal o un accidente que te desfigure la cara… Estemos "forraos" o no tengamos ni un duro, tengamos hijos o no los tengamos, estén nuestros hijos sanos o enfermos, ¡¡SIEMPRE!! Y eso solo es posible con la ayuda de Dios y la voluntad de querer hacerlo, si no, solo sentimentalmente hablando, es imposible.

Es un tema de compromiso, sí, compromiso, eso que actualmente cuesta encontrar.

Aunque no creas en Dios, cuando dos personas se aman, Dios está ahí. Cuando queremos hacer las cosas bien y nos esforzamos en ello, Dios está presente. Cuando queremos el bien para nuestra familia, cuando deseamos la paz en casa y en el mundo, Dios está ahí. Porque Dios es Amor, te lo creas o no. Y seas como seas, creas o no creas, Dios te quiere, y te quiere feliz.

Cuando nos entregamos, la satisfacción de la entrega voluntaria al otro es increíble, y me atrevo a decir que incluso más cuando las dificultades son más importantes. Es en estas situaciones, en las dificultades, cuando sacamos lo mejor de nosotros mismos y cuando, si queremos, recibimos la gracia del sacramento, la gracia de Dios que colma nuestras necesidades y nos ayuda a seguir adelante.

Parece entonces que el amor solo sea sacrificio y esfuerzo, que la atracción y el enamoramiento sean fases pasadas que son para los jóvenes y que los veteranos ya estamos en una fase de amor maduro, aburrido, sacrificado y que vamos tirando, nos aguantamos, aquellas emociones pasaron, incluso hay gente que dice que eso ya no es amor, que es respeto… nada más lejos de la realidad, y este es el motivo principal de este libro: animar a todos los matrimonios a reenamorarse, a seguir disfrutando los dos toda la vida.

La atracción y el enamoramiento no pueden pasar nunca, siempre tenemos que reenamorarnos como nos reinventamos profesionalmente. Si nos lo trabajamos, la atracción y el enamoramiento vuelven, y mucho más potentes. Merece la pena intentarlo.

Don José Pedro Manglano, en su libro *Construir el amor*, dice que "el enamoramiento te deja ver al principio lo que debe ser el final". Esa época de alegría, de emoción, de puro sentimiento agradable debe ser lo que vivamos los matrimonios a lo largo de nuestra vida. Buaaa, una maravilla, esto es lo que tenemos que conseguir, esforzarnos en amar para poder seguir sintiendo.

El día de nuestra boda no debe ser el mejor día de nuestra vida. Como dice Lucía Martínez Alcalde, debe ser "el primero de los mejores días de nuestra vida".

Y tú que me estás leyendo, piensas: "Sí… muy bonito, pero, Pep, aterriza, esto no es real, el día a día se nos come, los problemas surgen sin parar, los hijos nos absorben y la vida se ha puesto carísima… todo lo que cuentas es idílico, pero imposible. Ya nos gustaría que fuera así, pero no te lo crees ni tú". Repito, no solo es posible, sino que hay que hacerlo, nos tenemos que re-enamorar cada día y debemos esforzarnos los dos para conseguirlo. "¿Además dices los dos? Pero si mi marido pasa de todo, ni me mira, el trabajo lo tiene loco y los ratos libres los dedica al deporte con sus amigos…". Y ya no te digo nada del marido al que le gusta cazar… "La vida se nos ha vuelto rutinaria, algún día salimos a cenar, siempre con amigos, *sábado sabadete*, para no perder la costumbre y así vamos tirando, sin más".

El amor debe darse y recibirse. Sí, es verdad que no es una contrapartida: tú me das esto y yo te doy lo otro, tú haces esto y yo hago lo otro. No es un intercambio de servicios, es un darse al cien por cien los dos, y en consecuencia, recibir los dos, pero para recibir hay que darse.

No puede ser que una persona que te pareció tan atractiva, de la cual te enamoraste locamente, y que después de conocerla a fondo y discernir, decidieras casarte con ella, ahora solo sea tu "compañera de viaje" o "la madre de tus hijos", que las pasiones sean cosa del pasado, o lo que es peor, creas que la atracción, la emoción o el disfrute solo se encuentre fuera de casa…

Se dice que "amar no es mirarse el uno al otro; es mirar juntos en la misma dirección" (Antoine de Saint-Exupery). Y yo no estoy de acuerdo, con todo mi respeto, aunque me encanta *El Principito*. Que en el noviazgo está muy bien que nos miremos *atontaos*, que nos gastemos la cara mirándonos, pero después, con el tiempo hay que ser como los raíles de una vía de tren, los dos de la mano mirando en la misma dirección. Pero si no nos miramos muy a menudo, como cuando éramos novios, sí, como cuando estábamos tontos; el día que nos miremos… puede ser que nos peguemos un susto, puede que no nos reconozcamos.

¿Recuerdas cuando viste a tu pareja por primera vez?, ¿recuerdas aquellos momentos de atracción? ¿y cuando te enamoraste?, ¿fue un flechazo?, ¿fue lento?,

¿tu novio era muy pesado y a ti no te gustaba?, ¿te encantaba, pero no te hacía ni caso? Para un momento, cierra los ojos, recuerda… seguro, segurísimo que es un recuerdo increíblemente bello.

Bueno, ahora que has vuelto, vamos con un par de anécdotas que me ayudan a explicar el tema del enamoramiento y del amor, del sentimiento y de la voluntad de amar, de la atracción y enamoramiento que deben volver y volver siempre.

Me gusta la famosa historia del telesilla para hacer más gráfica esta idea.

El telesilla

La vida es un telesilla. La historia del amor es un remonte, un telesilla espectacular. Imagina los Pirineos, el Himalaya, Colorado, los Andes y los Alpes juntos y un telesilla altísimo, ultramoderno, con unas vistas increíbles.

Estamos en verano, las montañas y los valles son de película, un espectáculo, toda la gradación de verdes que te puedas imaginar, precioso, alucinante.

Cuando llegas a la pubertad, la adolescencia, te montas en el telesilla y despegas: ves un valle y ves otro, fascinantes, los encuentras preciosos, te gustan, parece que te atraen todos. De repente encuentras un valle que te gusta más, parece que es "el valle": precioso, inmenso, verde, un riachuelo, vacas, caballos, pero cuando empiezas a enamorarte del valle llegas a la pilona sobre el risco y atisbas a ver el valle siguiente: este sí, este sí que me encanta, me gusta "uaaaauuuu", precioso, más verde, mucha hierba, muchísimas vacas, un riachuelo cristalino, abetos al pie de la montaña y bajo los abetos una casita preciosa (tipo Heidi, para los veteranos) de madera, con un porche de vistas espectaculares, unas mecedoras, ¿te sitúas...? y frente a la casa, toda la extensión de la pradera. ¡Alucinante, me encanta, me he enamorado!!! Qué pasada, precioso, "este pa mí" y bajas del telesilla y saltas y cantas por el prado y te bañas en el río de agua helada, qué bonito, increíble y te sientas en las mecedoras del porche de la casita y disfrutas, disfrutas un montón, es precioso... y pasan los días y los meses y sigues disfrutando muchísimo. Hay muchas vacas, muchas. Hierba, mucha hierba, y sigues gozando. Y pasan los días y las semanas y los meses, estás feliz, pero de repente un día, llega un día... antes o después... las vacas —con perdón— , las vacas..."cagan que te cagas", todo son cacas de vaca, boñigas, todo, todo, es asqueroso. ¿La hierba? Ni césped ni nada, metro y medio de hierbajos, zarzas, horrible, barro, boñigas, matorrales, uffff... Te sientas en el porche de la casa y está podrida, le das un golpe a la pared y se caen dos tablas, cuando llueve, entra agua. Fatal, es horrible, qué rollo, la mecedora tiene una pata rota, no balancea, es un desastre... ¿Cómo puede ser que me enamorara de este valle?

Maldito valle, lo odio, no me gusta...Te sientas, no te sientes en la mecedora que está rota, te calmas, piensas (porque lo importante siempre, ante cualquier situación es pararse y pensar) y entonces puedes tomar dos decisiones:

PRIMERA DECISIÓN: este valle es el mejor valle del mundo, es precioso, porque lo es y además, porque lo escogí yo, me lo voy a currar, vale la pena. Y haces un redil para las vacas, recoges las cacas y las guardas para abono, recortas la hierba, pero con desbrozadora, y cortas el césped en varias pasadas, barnizas la casa, cambias las tablas estropeadas y llega la noche y te sientas, después de reparar la mecedora, en el porche de la casa y miras el valle, tu valle, vuestro valle, y es precioso, mucho mejor, muchísimo mejor que el día que llegaste. Increíble, estás feliz y orgulloso, pero no te puedes dormir en los laureles, al día siguiente otra vez y otra vez a la que te despistas, crecen las zarzas y las boñigas te vuelven a invadir.

Eres feliz, porque te lo has currado. Das gracias a Dios por lo que te ha dado y por su ayuda. Sin Él, no podemos nada, aunque creamos que lo hacemos todo nosotros, aunque creamos que es mérito nuestro, sin Dios no podemos nada, con Dios lo podemos todo.

SEGUNDA DECISIÓN: volverte a subir al telesilla, desde el telesilla el valle siguiente siempre se ve más verde, siempre parece más bonito...

Con el amor pasa igual, cuando te enamoras, todo es bonito, todo es más fácil. Con el tiempo te lo tienes que trabajar y si te lo curras, no solo vuelve a ser bonito, sino que consigues que sea precioso.

Muchos jóvenes me preguntan: ¿Y cuándo tienes que empezar a trabajártelo? La respuesta es clara: en una relación hay que empezar a trabajar desde el minuto cero, sí, es verdad que cuando no te has casado, siempre puedes volver a montarte en el telesilla Y NO PASA NADA, para eso es el noviazgo, para discernir, para conocerse, para escoger. Sin embargo, cuando te has casado hay que tener muy claro que hay que trabajar y trabajar mucho y con mucha ilusión, no te puedes apalancar, si te apalancas, las "cacas" se te comen, las de las vacas y las de los bebés, la hierba crece y crece y si no la cortas, llega un momento en que no ves a tu pareja, todo son zarzas, pinchos, matorrales… pero si la cortas y la recortas, es una pasada, disfrutas mientras lo haces, no sin esfuerzo, y cuando ves los resultados, alucinas. Hay que aspirar a ser virtuoso, como decía Aristóteles en su obra *Ética a Nicómaco* (400 a.C.), no hay que hacer el bien por obligación. Hay que disfrutar haciendo el bien, eso es ser virtuoso, y entonces seremos felices nosotros, haremos felices a los que nos rodean y contribuiremos a mejorar el mundo.

Si todos cortamos y cuidamos con amor el trozo de césped que nos corresponde, conseguiremos un mundo fascinante.

El césped recién cortado es alucinante y si, después de cortarlo, lo riegas, ya ni te cuento: un olor que enamora, un verde que encandila, precioso. Venga, hombre, anímate, no te hundas entre las zarzas que no te dejan ver el sol. Esfuérzate, trabaja, trabaja duro, pídele al Señor que te ayude. El día que nos casamos le dijimos que estábamos dispuestos a ser felices y le pedíamos que nos ayudara. Pídeselo una y otra vez: Señor, voy a currármelo. Ayúdame, te necesito, pídeselo de verdad y verás.

Si estás casado, y te cansas de recoger cacas, y cortar el césped, puedes coger el telesilla otra vez, y de hecho, actualmente mucha gente lo hace, pero hay que tener claro que desde el telesilla, el valle siguiente siempre se ve más verde, la perspectiva es distinta, pero cuando bajas, cuando bajas… cuando pisas ese césped que de entrada se ve tan verde… el del valle vecino…es lo mismo, se repite la misma historia, o te lo curras o se te come. Además, hay que pensar que cuando coges otra vez el telesilla porque no te gusta el valle, porque no te da la gana trabajarlo, habitualmente dejas un valle hecho polvo, cubierto de zarzas y con tablas de la casita que cuesta mucho reparar…

Tenemos un montón de amigos que se han separado, una vez casados han vuelto a subirse al telesilla para bajar en el valle siguiente. Parece que alguno incluso tiene el "forfait" de temporada, sube al telesilla una y otra vez. Más de uno, y de dos, nos han dicho: "Si pudiera retroceder en el tiempo, no lo haría, es lo mismo". O te lo trabajas, o estamos en las mismas. Como dice Víctor Küppers, y esta sí que es una frase suya: "Planta que no riegas, planta que palma". Con el amor pasa igual, si no cuidamos el amor, el amor se va al carajo.

Perdóname, cada situación es un mundo y la verdad es que hay muchos matrimonios que pasan por situaciones muy desagradables, difíciles, hay céspedes y zarzas muy complicadas de recortar, pero cuántas parejas al mínimo cúmulo de "caca" deciden tirarlo todo por la borda. Coge la pala, hombre, corta el césped, mujer. Planta flores, canta, baila, ríe, disfruta y deja el telesilla para la juventud.

El salto en paracaídas

Otra comparación que me gusta es hablar del matrimonio como si de un salto en paracaídas se tratara, un salto desde cinco mil pies de altura, con un montón de minutos de caída libre, algo espectacular. Un salto que dura una vida.

Tú no puedes presentarte en el centro de paracaidismo más cercano a tu ciudad y decirle al recepcionista: "Hola, buenos días, vengo a saltar y además, salto acrobático". Es absurdo, antes de saltar hay que estar muy bien preparado, se deben tener las cosas muy claras, hay que hacer un buen curso y estar muy atentos, no se puede dejar ningún detalle al azar… "Bueno, no he doblado bien el paracaídas, pero no importa, ya… sobre la marcha…", ¿sobre la marcha?…

Cuando pongo este ejemplo en mis charlas a los jóvenes ennoviados o no, muchos de los cuales viven en pareja, me comentan que este ejemplo no les sirve, porque antes de saltar solo debes haber saltado muchas veces con un monitor, salto en tándem que se llama, por eso, antes de casarse hay que probar, no sea que "no funcione". ¿No funcione el qué? Bueno, este es un tema para otro libro. Volvamos al salto.

Para saltar hay que prepararse muy bien, y para casarse, también. Una vez estás bien dispuesto y equipado, a cuatro mil quinientos pies de altura y se abre la puerta del avión, el que salta eres tú, o saltas o no saltas, puedes haber hecho mil saltos en tándem, pero solo ¿solo? Solo, solo hay una primera vez y saltas… Si estás bien preparado y seguro de lo que haces, estás listo para disfrutar, increíble, impresionante, piruetas por aquí, piruetas por allá, abro el paracaídas o me espero un ratito, lo tengo controlado, bien controlado, tengo paracaídas de emergencia por si algo no funciona, pero todo está bajo control, vamos a disfrutar.

Ahora bien, como no estés preparado, como no tengas claro cómo funcionan todos los detalles, como el salto haya sido un empujón al cual tú no estabas dispuesto y, por no ser menos, no te atreviste a decir que no… prepárate para pasarlas … "canutas"… por no decir otra cosa. Lo vas a pasar mal.

Cuando tú saltas, y estás en el aire disfrutando, o no, puedes hacer lo que quieras durante el tiempo de caída libre, disfrutar de las vistas (no sé yo si estás muy por las vistas en el primer salto), puedes hacer piruetas, si ya dominas el tema, después puedes abrir el paracaídas o dejar que se te abra automáticamente, puedes rezar si la cosa no funciona o puedes tirar de la anilla para que se abra el paracaídas de seguridad, pero hay una cosa que no puedes hacer, una cosa que es imposible…No puedes volver al avión, no puedes, el avión se fue, allí estás tú, con tu formación, con tu capacidad, con tu temple, y a disfrutar…

El día de nuestra boda y en el momento del consentimiento, fue el instante en el que se abrió la portezuela del avión y saltamos, ni antes ni después, en este preciso instante, ahí estamos, o disfrutando toda la vida, no sin días o incluso temporadas de sufrimiento, de pasarlo mal, con aquel paracaídas que le cuesta abrirse, con aquella ráfaga de viento que nos balancea en exceso. Mil y un acontecimientos de la vida que nos trastocan, pero lo tenemos controlado, o eso parece. Tenemos varios paracaídas, y sabemos cómo funcionan, el de la fe, la familia, los amigos, el conocernos bien, el haber hablado de muchas cosas… Nos hemos preparado bien, estamos tranquilos y disfrutaremos toda la vida del salto, o no quiero ni pensarlo.

Si saltas, si te casas sin estar preparado, porque te empujaron o porque "todos lo hacen", o pensando "ya veremos"… pero no lo tienes claro, agárrate fuerte, no sé dónde, donde puedas… porque lo vas a pasar realmente mal.

Estamos hablando del matrimonio, ya no podemos volver al avión, el avión se fue. Aquí estamos, vamos a intentar trampear con lo que podamos para que nuestro salto para toda la vida sea lo más feliz posible. ¡¡¡A disfrutar!!!

MATRIMONIOS ALEGRES

Placer, felicidad, alegría

Me interesa mucho hablar de estos conceptos, son aspectos que actualmente se confunden y son muy importantes para la vida de cualquier matrimonio.

El placer

¿Qué es el placer?

Según la Real Academia Española de la lengua (RAE), la definición de placer es: "Goce o disfrute físico o espiritual producido por la realización o la percepción de algo que gusta o se considera bueno".

Podríamos decir que el placer es la experiencia que vivimos cuando saciamos una necesidad o un deseo.

El placer siempre ha estado presente en la historia de la humanidad, está claro que es bueno, deseable, sin placer esta vida sería insoportable. Es un regalo que tantas veces a lo largo del día, y cada día, nos puede pasar desapercibido. Hay tantas cosas que nos son placenteras, muchas y muy variadas. Cosas sencillas que satisfacen nuestros sentidos: tengo sed y bebo un vaso de agua. Si el agua, además está fresquita, se multiplica el placer, y ya no te digo si tienes calor y te tomas una cerveza (si te gusta) bien fría, bien tirada, el primer sorbo de cerveza es espectacular… Y el primer jersey que te pones en otoño, y el primer baño del verano… Y comer, me encanta comer, es un placer, no me alargaré que sufro de gota… Si hace frío, sentir calor y si hace mucho calor, sentir el fresquito de una buena sombra, pequeñas cosas cotidianas que tantas veces no valoramos, y no solo no les prestamos atención, sino que nos quejamos, somos muchas veces tan desagradecidos.

En Navidad siempre vuelve a las redes sociales un vídeo publicitario que me encanta. Empieza con un matrimonio en la cama envuelto en papel de regalo, el marido rompe su propio papel y ve a su lado en la cama, también envuelta de regalo, a su mujer, y se emociona; la cama también está envuelta, menudo regalo, una cama blandita; se va a la ducha, y en el grifo hay un lazo de regalo, y alucina abriendo y abriendo paquetes, que no son más que lo que tenemos cada día, los que tenemos la suerte de tenerlo… el desayuno, unas tostadas recién hechas, el café, poder encender y apagar la luz, tener un coche, un trabajo, un paseo… Infinidad de pequeños y grandes placeres que disfrutamos desde que nos levantamos hasta que nos vamos a la cama. Esta visión de todas las cosas como regalo es algo imprescindible, para DISFRUTAR DE LA VIDA. No hace falta tener, tener, tener, hacer, hacer, hacer, comprar, comprar, comprar, ir, ir, ir, hace falta DISFRUTAR, disfrutar de lo que tenemos, sea mucho o poco. Si estás leyendo este libro, segurísimo que tienes muchas, muchísimas cosas de las que disfrutar cada día y por las cuales dar gracias a Dios.

Volvamos al placer, que nos hemos "venido arriba". Hay placeres de los sentidos, como los que hemos comentado, y otros algo más profundos o, según la definición, más espirituales, como podría ser leer un buen libro, tener una buena conversación, escuchar música, ver un atardecer, una buena película y tantísimas cosas que nos ocurren cada día y nos producen placer, satisfacción.

Pero los placeres tienen dos problemas importantes:

1. Duran poco. Duran lo que dura el estímulo que los provoca.
2. De una forma coloquial podríamos decir que en exceso o fuera de lugar son malos. "Lo bueno engorda o es pecado".

Tú te tomas un buen gin-tonic y es un placer, te tomas dos y también, te tomas veintidós y te tienen que llevar a urgencias. Te tomas una buena fabada y es un gustazo, ocho kilos de fabada, te mueres. Escuchar una buena sinfonía es un placer todo el día con la novena de Beethoven, y el volumen a tope es una tortura… Tú te puedes enamorar de la vecina del tercero porque es guapísima y puedes ser infiel a tu mujer y posiblemente pasarás un buen rato de placer, pero ese enamoramiento fuera de lugar, y sin pasarlo por la cabeza, te destrozará la vida, la tuya, la de tu familia y posiblemente la de la vecina. Es un sentimiento que no toca, que puede venirte, por supuesto, por eso es un sentimiento, pero la cabeza, la inteligencia te dirá, o te debería decir: ¡¡Olvídate!! y con voluntad rechazarás esa situación.

Los placeres son buenos, imprescindibles, pero duran poco, duran lo que duran y en exceso o fuera de lugar acostumbran a ser fatales. ¿Qué podemos hacer para que los placeres duren? Todos queremos que las cosas que nos gustan no se acaben nunca. Es entonces cuando hablamos de felicidad, y se habla y se habla de felicidad, todos queremos ser felices.

La felicidad

Antes de saber algo más de la felicidad, piensa: ¿qué es para ti la felicidad?, ¿te has parado a pensarlo? Hay tantas definiciones de felicidad…

¿Qué es la Felicidad?

Según la RAE, la felicidad es un estado de grata satisfacción espiritual y física.

Un estado, no es tanto un sentimiento. Para pensar…

Podría cortar y pegar textos, opiniones y definiciones sobre la felicidad de mil y un autores y quedaría muy *pro*, pero no lo voy a hacer.

Para mí la felicidad es: AMAR Y SER AMADO, así de sencillo y así de complicado.

No solo amar… Mucha gente dice: "En el matrimonio hay que amar sin esperar nada a cambio"… ¡¡¡Ni de coña!!!, no es cierto, nadie es feliz dando y no recibiendo nada, no es un trueque, no es un tú me das y yo te doy o un te voy a dar según tú me des… El amor es "a saco", para ser feliz hay que darse, darse sin condiciones, pero para ser realmente feliz hay que dar amor y recibir amor. Si no te das, no recibes y si recibes sin darte, perdona, pero eres un egoísta.

En lo único que podemos sustentar nuestra felicidad es en el amor, porque no tiene límite, no hay un límite de amor, siempre se puede amar más y mejor. Pero si uno ama mucho pero no recibe amor, no es feliz.

Piensa en un abuelo en la mejor residencia de la ciudad, super bien cuidado, que ama con locura a su familia, y solo hace que hablar de ella a sus cuidadores y al vecino de sofá. Que su hija es la mejor del mundo, que su nieta sacó la mejor nota de no sé qué universidad, está loco por su familia, enamoradísimo, pero si la familia no va nunca a visitarle, ese pobre hombre, amando con locura, no podrá ser feliz.

La felicidad está en dar y en recibir

A mí la felicidad me ayuda a creer en Dios. En los hombres el deseo de felicidad es infinito y en este mundo hay que tener muy claro que nunca saciaremos nuestras ansias de felicidad, siempre querremos más y más. Y es que estamos creados para una felicidad eterna, y esta felicidad solo la conseguiremos en el cielo, en la VIDA con mayúsculas, en la Vida Eterna. Por eso los creyentes siempre debemos estar felices por el solo hecho de creer en esta vida de felicidad eterna. San Pablo ya decía que "vana es nuestra fe si Cristo no resucitó" (*1 Corintios* 15) y solo con esta esperanza, con esta fe en la vida eterna de felicidad sin fin, podremos vivir felices y alegres en este mundo en el que todos sabemos que, como dice mi cuñado Joan, "hoy estás arriba y mañana estás en el pozo"…

Saber disfrutar de las cosas buenas y trampear lo mejor que podamos las malas.

Podríamos decir de alguna manera que la felicidad es como el amor, la felicidad hay que currársela. Desde la antigüedad muchos pensadores han relacionado la felicidad con la sabiduría, con el conocimiento, el que es "sabio" sabe disfrutar de las cosas. Me encanta la definición de san Agustín: "La felicidad es seguir deseando lo que ya se tiene" (he dicho que no citaría a eruditos pero san Agustín se lo merece).

Soy muy aficionado al motor, a todo aquello que lleve ruedas y de un modo especial a los automóviles clásicos y antiguos. En los encuentros de coleccionistas, y sobre todo de automóviles, se respira un ambiente de insatisfacción, siempre se quiere más, cuando tienes un modelo ya quieres otro y cuando consigues el siguiente aparece otro.

Si algo me encanta de este mundillo, es el pequeño garaje de madera con un solo vehículo brillante y un propietario habitualmente veterano que disfruta un montón compartiendo sus conocimientos sobre motor y concretamente sobre su "pieza". "Seguir deseando lo que ya se tiene". No vamos a comparar el matrimonio con los coleccionistas de coches, pero podríamos decir emulando a san Agustín, que la felicidad en el matrimonio es saber disfrutar cada día más de lo que ya tenemos. Como dice Carlos Andreu, "después de la luna de miel, hay que echarle miel a la luna", hay que saber disfrutar del matrimonio, siempre, y tener muy claro que habrá días mejores y otros peores, pero ese deseo de amar, fruto de la voluntad, nos llevará a ser muy felices siempre, no sin esfuerzo. Los días buenos hay que aprovecharlos a tope y los malos, te acuestas temprano.

Actualmente hay una gran confusión, se confunde el placer con la felicidad, como se confunde el enamoramiento con el amor.

La sociedad te dice: "Compra tal cosa, que serás feliz", "consume tal otra, que te sentirás feliz". Estas cosas, estos productos, nos pueden producir placer, eso está claro, y está bien, ¿pero la felicidad?, la felicidad es otra cosa. Nos preocupamos más en la búsqueda del placer, que, como hemos dicho, hay que renovar constantemente, que en procurar una felicidad profunda y verdadera conociendo sus limitaciones terrenales.

De todas formas, la felicidad, como el amor, necesita de alguien, el hombre en soledad no puede ser feliz, el hombre debe poder compartir, comunicar, disfrutar, amar… a Dios y a los demás.

He querido pasar rápido el tema de la felicidad porque ya lo iremos desarrollando; ahora me gustaría hablar de un concepto importante y muy necesario en la sociedad actual, se trata de la ALEGRÍA.

La alegría

¿Qué es la alegría?

El Papa Francisco no para de hablarnos de alegría. En las tres primeras exhortaciones apostólicas que nos escribió (cartas que el Papa nos manda a toda la Iglesia) ya solo en el título habla de alegría: *Evangelii Gaudium* (*La alegría del Evangelio*, noviembre 2013), *Amoris laetitia* (*La alegría del amor*, marzo 2016), *Gaudete et exsultate* (*Alegraos y regocijaos*, marzo 2018). La alegría es fundamental en nuestro mundo, nuestra sociedad necesita personas alegres.

Don Alejandro Llano en su libro *La vida lograda* dice que la alegría no es una actitud distinta del amor. "Si echo un vistazo a mis experiencias vitales, a lo vivido hasta aquí, compruebo que ordinariamente las situaciones de particular entusiasmo y alegría no han estado vinculadas a temporadas de comodidad material y bonanza exterior. Han coincidido, más bien, con las épocas en las que un ideal —encarnado en una persona, en un proyecto, en una llamada— me han robado mis mejores energías (…). Me sentía como fuera de mí, entusiasmado".

Según la Real Academia Española de la lengua, la alegría es un sentimiento grato y vivo que suele manifestarse con signos exteriores.

La alegría da mucha satisfacción, a uno mismo y a los que están alrededor, es un sentimiento potente que tiene, entre otras, tres características principales: siempre es intensa, viene sola, aparece y se comunica, aunque no quieras.

Puedes sentir placer a través de muchos estímulos, ya lo hemos visto. Puedes disfrutar de estos placeres, regularlos, amar y ser feliz, pero la alegría, la alegría te viene. También la provoca un estímulo, pero habitualmente son causas que requieren más esfuerzo, más dedicación, más interés. La alegría es muchas veces más intensa que el placer y dura más que el estímulo que la provoca.

La característica principal de la alegría es que se TRANSMITE, SE CONTAGIA, NO SE PUEDE DISIMULAR, SE MANIFIESTA CON SIGNOS EXTERNOS.

No puede ser que uno esté alegre y no se le note. Cuando tu equipo de fútbol (sin poner nombres) le mete cinco al máximo rival… pues eso, que se te nota, esa sonrisa que se escapa. Ese "vamos" con los puños cerrados. Ese grito que pega nuestro hijo Jaume que retumba la casa…

No conozco a nadie que después de estar cinco años preparando unas oposiciones, el día que las aprueba, presente una cara igual al mes anterior al examen y con una voz seria y reflexiva diga: "Sí, finalmente aprobé las *opos*. Estoy muy alegre" No, no, los saltos, la sonrisa, incluso los gritos y el baileteo se escuchan en todo el vecindario. La alegría desborda, la alegría se contagia, la alegría se ve, es una pasada.

Pero la alegría ¿te viene?, ¿de modo parecido al enamoramiento?, ¿es simplemente algo que te pasa?, ¿un sentimiento que te cae como una ducha de agua fresca una tarde de verano en plena canícula?, ¿no puedo hacer nada para estar alegre?

Sí, puedes hacer algo. Puedes ponerte en situación de estar alegre, puedes provocar la alegría, buscar la alegría.

Porque la alegría no tiene por qué ser siempre de carcajada.

El Papa Francisco nos dice que la alegría cristiana es como "la respiración del cristiano". Porque "un cristiano que no es alegre en el corazón no es un buen cristiano". Sigue el pontífice: "No es algo que se compra o yo la hago con el esfuerzo: no, es un fruto del Espíritu Santo". Hay "alegría cristiana si estamos en tensión entre la memoria, el recuerdo de la regeneración, como dice san Pedro, que nos ha salvado Jesús, y la esperanza de lo que nos espera (…); cuando una persona está en esa tensión, está feliz". Pero advierte el Papa: "Si nosotros olvidamos lo que hizo el Señor por nosotros, dar la vida, regenerarnos —es fuerte la palabra 'regenerarnos', una nueva creación como dice la liturgia— y si nosotros no miramos lo que nos espera, el encuentro con Jesucristo, si no tenemos memoria, no tenemos esperanza, no podemos tener alegría". Tal vez "sí tengamos sonrisas, sí, pero la alegría, no".

El Papa también nos dice: "No se puede vivir cristianamente sin alegría, al menos en su primer grado que es la paz". De hecho, "el primer escalón de la alegría es la paz: si cuando vienen las pruebas, como dice san Pedro, uno sufre, pero baja y encuentra la paz, esa paz no nos la puede quitar nadie". He aquí —porque el cristiano es un hombre, una mujer de alegría— un hombre, una mujer de consuelo: saber vivir el consuelo de la memoria de ser regenerado y el consuelo de la esperanza que nos espera. El cristiano puede estar alegre siempre, la alegría del cristiano es mucho más grande que la alegría superficial de la risa tonta. El cristiano, por esto que nos ha dicho el Papa, es capaz de estar alegre aun en momentos difíciles. Y con una alegría auténtica.

"La alegría no es vivir de carcajada en carcajada, no, no es eso, tampoco es ser divertido, no, es otra cosa (...), la alegría cristiana es la paz, la paz que hay en las raíces, la paz del corazón, la paz que solamente Dios nos puede dar: esto es la alegría cristiana".

Pero ¿y la alegría en el matrimonio?

Debemos ser matrimonios alegres que contagien esta alegría a la sociedad. La alegría del matrimonio.

Llega el esposo a su hogar y se encuentra con un generador de corriente en el comedor de su casa, a él enchufados cuatro focos de 3000 w. Cuando todavía no sale de su asombro, se coloca unas gafas de sol para proteger sus ojos del exceso de luz, y es entonces cuando ve a su esposa con un vestido de lunares, peineta y clavel en el pelo, cantando y bailando como loca encima de la mesa de la cocina.

Entonces, el marido, ya preocupado, le pregunta a su esposa:

—¡¡¡Cariño!!! ¿Qué te pasa?, ¿te encuentras bien?

A lo que la esposa contesta:

—Ya le dije yo al cura que no te iba a hacer ni pizca de gracia encontrarte un hogar luminoso y alegre.

¿Qué podemos hacer para ser matrimonios alegres? No va de focos ni de trajes de flamenca... Yo tengo una regla mnemotécnica para acordarme y tener siempre presente la necesidad de ser un matrimonio alegre:

– Mirar
– Admirar
– Dejarse de mirar
– Dejarse mirar

Vamos a desarrollarlo.

COSAS A PROMOVER PARA SER MATRIMONIOS ALEGRES

Mirar

Los cinco sentidos, los cinco, en tu marido, en tu mujer.

La vista

¡¡Mirémonos!!

Que te pille ¡¡mirándola!!, ¡¡mirándolo!!

Si tú que me estás leyendo tienes a tu mujer o a tu marido sentado al lado, deja el libro y quédate mirándole fijamente, no digas nada, te pillará seguro. No sé qué tipo de "sensor" tenemos las personas, pero cuando alguien te mira fijamente, aunque esté fuera del campo de visión, lo notas, lo sientes, no tardará mucho en darse cuenta y te dirá:

—¿Qué miras?

Tú le respondes:

—¡¡Te miro a ti!!…

—¿Por qué me miras?

—Porque me gustas, porque me encantas…

¡¡¡Y eso arranca una sonrisa o un festival!!!

Nos miramos poco, los esposos nos miramos poco a la cara, a los ojos, muy poco. Fíjate, solo nos miramos cuando nos sentamos en una mesa pequeñita y cara a cara, por eso es tan necesario escaparse a cenar o a tomar algo los dos solos, cara a cara. Cuando estamos en casa sentados en la mesa, si tenemos hijos o abuelos en casa, no nos miramos, cuando nos sentamos en el sofá para ver una serie, o para leer, nos sentamos de lado, cuando paseamos, aunque nos demos la mano o nos agarremos por la cintura, vamos de lado, y en el coche podemos hablar mucho, pero mirando la carretera, incluso cuando tenemos relaciones sexuales a muchas y lo he escrito con "a", a propósito, os da por apagar la luz y ¡¡¡no nos vemos las caras!!! Nos tenemos que mirar más, cuanto más nos miremos más nos gustaremos, ¡¡¡mírala, míralo y que te pille!!!

Actualmente, todos llevamos el móvil en el bolsillo con unas cámaras fotográficas estupendas, es muy bueno hacernos fotos, sí, sí, primeros planos, modo retrato, las fotos que quieras, que ahora no se gasta carrete (los jóvenes no sabréis qué es el carrete…), porque al hacernos fotos nos sacamos el mejor perfil, nos miramos y nos remiramos y nos gustamos, el problema es que normalmente, y, otra vez, mucho más las mujeres, raramente os gustáis en las fotos y las borráis, a mí me encanta sacar fotos con el móvil, diría que soy incluso un poco plasta, pero tengo amenazada a mi mujer, porque con esa manía de ampliar la foto hasta el infinito, siempre hay alguna arruguita que no le gusta y la foto a la papelera…

¿Has hecho oración alguna vez mirando una foto de tu pareja? ¡¡¡Pruébalo, una pasada!!! Delante del Santísimo, en una mano el consentimiento y en la otra la foto de tu pareja, y la mirada que vaya saltando del Sagrario al consentimiento, del consentimiento a la foto y de la foto al Sagrario, pim, pam, pum...

El olfato

¿Sabrías reconocer, solo con el olfato, a tu marido, a tu mujer?

¿Sabes qué colonia utiliza?

¿Serías capaz de entrar ahora mismo, sin antes pasar por el baño de tu casa, en una perfumería y comprar el perfume que le gusta?

Cuidado que la que tiene en la repisa del baño no es la que utiliza habitualmente, esa no le gusta, se la regalaron y ahí se quedó, asegúrate de olerla antes de comprarla.

¿Siempre se pone perfume o colonia, o solo los días de fiesta, una a diario y otra para las celebraciones importantes?

¿Le has dicho alguna vez que te encanta ese aroma, que te gusta mucho, que se la ponga más a menudo…?

Detalles, detalles y más detalles que nos unen. Vete al baño y mira el perfume de tu pareja, pero ¡¡ya!!

El oído

Sobre el tema de oír, hablar y escuchar, podríamos escribir un libro entero. Todos los que habéis hecho algún Curso de Orientación Familiar sabéis que la falta de comunicación en el matrimonio es el tema estrella. Y si nunca habéis participado en un COF —por cierto, os animo a hacerlo (iffd.org)— también sabéis qué importante es la comunicación, la comunicación es el pilar del matrimonio.

"Entre lo que pienso, lo que quiero decir, lo que creo que digo, lo que digo, lo que tú quieres oír, lo que oyes realmente, lo que crees entender, lo que quieres entender y lo que de verdad entiendes, tenemos un largo recorrido para llegar a comunicarnos".

Como siempre, exagerando, pero está claro que hay que hablar y escuchar un montón. Estoy seguro de que es uno de los temas más importantes en la relación de pareja.

Los varones habitualmente somos muy malos en este aspecto, como siempre sin generalizar. Se dice que los hombres, a diferencia de las mujeres, no sabemos hacer dos cosas a la vez, pero no es verdad, sí podemos. Sabemos estar con el ordenador, el móvil, o la tablet en la mano y oír, que no escuchar, a nuestras mujeres. Algo que sabemos hacer simultáneamente y lo hacemos mal, qué desastre. Nos tenemos que prestar más atención, tenemos que hablar y escuchar activamente, mirándonos a la cara, como decíamos, y demostrando interés. Un interés verdadero, poniendo toda la atención.

Siempre se habla de la importancia de reservar algún momento del día o de la semana para hablar de nosotros, de nuestra relación, pero la verdad es que a nosotros no nos funciona, pues el día que quedamos para hablar, de hecho quedar para hablar no lo hemos hecho nunca, hablamos de todo menos de nosotros, y es que pienso que lo que hay que hacer, nos lo recuerda el Papa en *Amoris laetitia*, es "culturizarnos" juntos. Es evidente que tenemos que hablar y mucho de nosotros, de nuestro matrimonio, de nuestras cosas, pero ¿cómo vamos a hablar de nosotros si no estamos acostumbrados a hablar? Lo que debemos hacer los matrimonios es hablar de todo y mucho, tener el hábito de hablar, entonces nos será más fácil conversar sobre cosas importantes. Es cierto que muchas veces hablamos y hablamos de muchas cosas, habitualmente el tema estrella son los hijos. Podemos estar acostumbrados a hablar, pero nos cuesta hablar de nuestro propio matrimonio, siempre es más fácil hablar del cuñado o del trabajo que de nosotros mismos, en eso tenemos que esforzarnos, en hablar y saber escuchar las cosas realmente importantes: "¿Cómo estás?", "¿cómo te sientes?". Y la pregunta para nota, y teniendo claro que seguramente la respuesta no te gustará, es: ¿en qué podría mejorar?, ¿qué hay de mí que no te guste? Cuidado con la respuesta, que siempre debe ser real pero cariñosa. Si uno/una ha sido valiente para hacer esta pregunta, no se le puede echar toda la caballería encima…

Con cariño y tranquilidad debemos poder hablar de todo y siempre. Cuidado que el tema hijos y trabajo siempre se impone, no es fácil, es evidente que hay temporadas donde estos temas nos ocupan y nos preocupan más, pero debemos ser capaces de abstraernos y hablar de nosotros, cuando sea necesario y el ambiente y la intimidad lo faciliten. Tampoco debemos obsesionarnos como si fuera un "consejo de administración" ni tener un "orden del día" para la reunión. Como siempre, mucha naturalidad, sentido común y amor, sobre todo, amor, amor del bueno.

El tacto

¡¡Señores, hay que achucharse!!, como dice Marian Rojas, abrazos de ocho segundos. Ella le da una explicación fisiológica, hormonal, a mí me gusta decir de diez segundos para que quede claro que deben ser abrazos largos y muchas veces silenciosos, no hace falta que nos digamos nada, nos abrazamos, apretamos y ya… y que los hijos nos vean, sean de la edad que sean.

Es imprescindible en una familia que los hijos y nietos vean que sus padres o abuelos se quieren. Es habitual que, cuando son pequeños, se pongan a reír e incluso intenten separarnos, "ja ja ja, mamá es para mí", pero el primer principio para educar hijos felices es que sus padres se quieran y ellos lo sientan, lo vean, lo noten.

El tema de los abrazos lo considero muy importante, es más, si tienes ocasión en este momento, sí, sí, ahora, como ya hemos hecho otras veces, suelta el libro y pégale un buen abrazo a tu marido, a tu mujer, ya seguirás leyendo mañana…

¿Qué tal?, ¿cómo ha ido el abrazo? Seguro que fenomenal, los abrazos siempre funcionan.

Si lleváis una temporada mala o unos días en los que estáis más tensos, con problemas más o menos importantes que os están distanciando un poco, o incluso si estáis fatal, os podéis proponer la "terapia del abrazo". Un abrazo largo por la mañana antes de salir de casa y otro largo por la tarde al llegar del trabajo, ya hemos dicho que no es necesario decir nada. Es bueno comentarlo: ¿Te parece que, aunque estemos mal y no nos apetezca, nos demos un abrazo largo por la mañana y otro por la tarde? Es fácil que el otro piense que se te ha "ido la pinza", pero es un remedio sencillo, de los de andar por casa, que tantas veces son los más efectivos. Realmente lo podríais intentar.

En el primer abrazo, sin que se te oiga, interiormente cuentas el tiempo, diez segundos, el segundo y tercero también. Cuando lleves unos cuantos, ya tendrás el tiempo controlado. Intentadlo. Recuerda: no hace falta decir nada, solo cerrar los ojos y abrazar fuerte. Siéntelo, ¡¡¡increíble!!!

Nos tenemos que acariciar, besar, y ahora voy a echar un cable a los maridos: debemos tener muchas relaciones sexuales, las relaciones sexuales unen al matrimonio, son imprescindibles, ya hablaremos de sexualidad en un capítulo más adelante, pero para que vayáis calentando motores.

El gusto

Que cada cual agudice el ingenio y lo aplique como quiera, porque de hecho esto del matrimonio no deja de ser un gustazo.

Repasados los cinco sentidos vamos a hablar de algo fundamental en el matrimonio: la admiración. No existe amor sin una verdadera admiración por la persona a la que amas.

Admirar

Debemos tener a nuestra mujer, a nuestro marido, en un pedestal, no le debemos criticar nunca. Hay que tener cuidado porque muchas veces lo hacemos sin querer.

"No, si yo no la critico", pero un día te vas con unos amigos a jugar un partido de pádel, acabado el partido viene la cervecita, que sabe a gloria, con los móviles encima de la mesa. De repente empieza a vibrar el tuyo, y en la pantalla pone "cariño"; las bromas de los demás son habituales... "venga que te controlan", "pa casa" o "ya has pringaoo", y podemos contestar con desidia o queriéndonos hacer el "macho"en plan: bufff qué palo...

Tantas veces contamos cosas que no deberíamos a nuestros amigos o comentamos situaciones matrimoniales que no se deberían explicar a nuestros padres, suegros u otras personas. Nuestras cosas las hablamos nosotros y solo las comentamos, si somos creyentes, a nuestro director espiritual, confesor o al psicólogo o psiquiatra si necesitamos terapia.

Un marido me contó algo que me encantó, me dijo: "Yo me esfuerzo en no criticar a mi mujer ni en el pensamiento". "Caray", le dije, "tú vas para nota". Él, que es abogado, me lo explicó: "Muchos días estoy en el despacho, enfrascado entre mis papeles, me suena el móvil y veo que es mi mujer, tantas veces el primer pensamiento es...

"Uufff, ahora estoy liado" o "¿qué querrá?", nadie me ve ni me oye, todo ocurre en el pensamiento, en mi cabeza, pero creo que en el matrimonio no es bueno ni ese primer pensamiento crítico, no la pienso criticar ni en el pensamiento." Sí señor, me encantó su idea. Nunca!!

Cuando me piden un consejo para unos recién casados, siempre les digo lo mismo:

A partir del día de vuestra boda los mejores macarrones son los de vuestra casa, los vuestros, aunque no lo sean. Es evidente que venimos de dos ambientes familiares distintos, pero debemos promover un ambiente familiar propio, el nuestro.

Chocolate en polvo
Ambiente familiar propio

No sé si recordáis las primeras compras en el súper una vez casados, siempre dan pie a situaciones curiosas que a veces pueden dar lugar a discusiones, pero que la mayoría de los casos son motivo de sonrisas. Al menos yo las recuerdo con mucha alegría. Llegas de la "luna de miel", si habéis podido hacerla, la nevera está vacía y vais al súper con toda la ilusión, cuántos caprichos en aquellas primeras compras… Paseando por los pasillos llegas a la sección de chocolates en polvo, sin darnos cuenta uno pilla un bote de ColaCao y el otro un bote de Nesquik. Nos miramos a la cara como con extrañeza, uno dice:

—ColaCao, ¿no?

—¡¡No!! Nesquik, el Nesquik es mucho mejor, más fácil; más leche, menos leche, caliente o fría, más o menos Nesquik y siempre se disuelve; más sabor a cacao más Nesquik, menos sabor a chocolate menos Nesquik…

—¿Qué dices? ¡¡Es mucho mejor el ColaCao!! tiene mucho más sabor a chocolate y además esos grumitos me encantan…

—No, no, ni de broma, tú te llenas un vaso de leche fría y le metes tres cucharadas de ColaCao y eso no hay quien lo diluya, se te queda el polvillo en la garganta, hay que ir a urgencias… te tienen que practicar una traqueotomía, ja ja ja ja…

—El ColaCao tiene su secreto, poca leche, se le echa el polvo, se bate fuerte y después añades más leche, por eso idearon el "turbomix", ja ja ja.

¿ColaCao, Nesquik?…

¡¡¡Y qué más da!!!

¿Vamos a comprar toda la vida los dos? o ¿vamos a ser una familia ColaCao o una familia Nesquik?

Y como esta, podríamos contar mil situaciones: ¿La toalla se cuelga así o asá? ¿La ropa sucia al suelo o al cesto? ¿Se pueden poner los pies en la mesilla del salón cuando estás repanchingado viendo una peli o no?…

Hablando de ropa: recuerdo que cuando nos casamos yo tiraba la ropa sucia al suelo de la habitación. La primera vez que lo hice, Mercè me dijo: "Noooo". Y yo me pegué un susto, "¿Qué pasa?"… La ropa sucia al cesto, en el lavadero. "Ya la tiraremos mañana"… "No, no, ahora"… Con los años, los dos la dejamos en el suelo, y al día siguiente al lavadero… Hay mil situaciones que no tienen la más mínima importancia y se deben hacer de una determinada manera solo por un motivo: porque es como lo quiere, como le gusta al otro y es ese, y solo ese, el motivo más importante. Lo hago por ti.

Todos nos casamos con una mochila, cada uno tiene sus cosas, las tradiciones de una familia y la del otro, y es que la formación, lo que hemos vivido, como hemos vivido, los *inputs* que recibimos en nuestras familias, desde antes de nacer hasta los doce años (digamos hasta que empieza la adolescencia y algo más) nos marcan para toda la vida.

Es imprescindible tener muy claro este tema: hay que crear un AMBIENTE FAMILIAR PROPIO, y de hecho lo creamos, aunque no queramos. Fijaos, el marido tiene las costumbres de su casa, la mujer las costumbres de la suya, pero nuestros hijos tendrán las costumbres de nuestro hogar, nuestras cosas, nuestro ambiente, mejor o peor pero único, el nuestro. Es muy bonito pensarlo, por eso hay que promover este ambiente familiar. Está bien que en tu casa tus queridos padres hicieran las cosas de una manera, pero ahora las cosas se hacen ¿cómo?, como le gusta al otro, a tu marido, a tu mujer. ¿Cedo? No es ceder, es amar.

Es muy importante, una vez nos casamos, pensar en nuestro ambiente familiar, el nuestro, el nuevo, y tener claro que desde ya es el propio de nuestro hogar, el mejor, porque es el nuestro y no hay otro igual.

Una vez un matrimonio me contó una experiencia que creo que nos puede ser útil. En la mayoría de los hogares cristianos en los que se reza, se bendice la mesa, se va a la iglesia… siempre acostumbra a ser uno de los dos que lleva la voz cantante, digamos la iniciativa:

"Vamos a rezar", "vamos a Misa"… Pues resulta que en casa de la novia el que llevaba la iniciativa siempre era el padre y en casa del novio el que llevaba la "iniciativa cristiana", vamos a llamarlo así, era la madre. Cuando se casaron el novio esperaba que fuera ella la que iniciara las oraciones y ella esperaba que fuera el marido el que llevara la iniciativa. Uno por otro, "la casa sin barrer". Ves que hay que hablar de las cosas, cómo haremos según qué cosas, cómo nos organizaremos: "me gustaría que esto lo hiciéramos así", "no soporto esta manera que teníais en tu casa de hacer lo otro". Es cierto que estos temas hay que hablarlos en el noviazgo, pero también es cierto que muchas cosas no salen hasta que las vives y por eso es tan importante hablar de todo siempre, y hablar mucho. Ya hemos hablado de la importancia de hablar, valga la redundancia. Ahora estamos comentando la mochila que llevamos cada uno de nosotros cuando nos casamos. Esto no quiere decir que tengamos que cambiar, de hecho, nunca hay que esperar que el otro cambie, este es un error muy frecuente en el matrimonio: novios que se casan pensando: "Ya le cambiaré". No cambia ni su padre, lo que ves es lo que te llevas; bueno, perdonad, tampoco es exactamente así, sí que cambiamos, a peor. Si tú te casas con una que habla mucho, hablará más; si te casas con uno que se ducha poco; se duchará menos… Es una broma, pero es cierto que nos casamos con una persona con sus virtudes y sus defectos. Todos tenemos virtudes y todos tenemos defectos, es indispensable conocernos y conocerlos y para eso está el noviazgo, para discernir, para conocer, para saber, para decidir… "Mi novio Manolo no tiene defectos". ¡¡Déjalo!! La actitud correcta sería: "Conozco las virtudes y los defectos de mi novio Manolo, alguno me pone nerviosa, pero me encanta. Tiene sus cosas, pero le quiero, con sus virtudes y sus defectos. Me esforzaré en hacerle feliz y estoy segura de que él me hará muy feliz a mí".

El otro día nos encontramos a una amiga que hacía tiempo que no veíamos.

—¿Qué tal, cómo estáis, todos bien?

—Bueno… bien, pero tenemos a nuestro hijo mayor muy desanimado y otra vez en casa; lo ha dejado con la pareja. Llevaban viviendo juntos cuatro años y ahora ella se ha ido, le ha dicho que él tiene muchos defectos … y que no se esfuerza en mejorar. ¡¡Bienvenida a la realidad!!

Todos tenemos virtudes y defectos y por eso es imprescindible conocerlos al máximo antes de entregarnos, y no solo aceptarlos, sino amarlos. Sí, sí, amar los defectos del otro porque son suyos y le queremos con lo bueno y con lo malo. Le queremos entero, todo, con todo lo suyo, lo bueno y lo no tan bueno.

Perdonad, porque a veces soy un poco exagerado, pero creo que así las ideas se ven más claras. Es evidente que todos cambiamos con el tiempo, podríamos decir que si el otro cambia para bien, "chollo", pero lo que no hay que hacer es esperar el cambio, le queremos tal y como es. Con el tiempo los matrimonios nos acabamos pareciendo, y es que lo compartimos todo y acabamos compartiendo gustos, comemos lo mismo, dormimos en la misma cama, evidentemente tenemos las mismas relaciones sexuales, si te vas a comprar ropa, nos preguntamos si nos gusta. Fijaos en matrimonios que llevan muchos años juntos, si es que incluso se parecen.

El asunto. Las cosas que te ponían nervioso de tu pareja cuando erais novios o los primeros años de casados, con los años mejora, no solo te ponen menos nervioso, sino que te hacen gracia, sobre todo pensar que te ponía nervioso años atrás e incluso algunos defectillos se te acaban pegando siendo motivo de risas del otro, que se acuerda de los enfados que teníais cuando erais novios, o los primeros años de matrimonio, y es que, no sé vosotros, pero nosotros cada vez nos enfadamos menos.

Somos una sola carne pero dos personas distintas con nuestras cosas, buenas y malas. Es precioso que sea así, que seamos distintos, complementarios, que nos riamos de lo que nos une y de lo que nos diferencia, pero muy conscientes de crear un "ambiente familiar propio" del que disfrutamos y del que hacemos partícipes a nuestros hijos, donde todos nos encontremos muy a gusto. Que nuestro ambiente no sea el de la madre o el del padre, o solo pensando en los hijos, que nuestro ambiente sea para todos y con todos. En resumen, que en casa se viva muy bien, felices, con alegría, que sepamos ser "hogares luminosos y alegres", como decía san Josemaría.

Dejarse de mirar

Dejarse de mirar quiere decir dejarse de mirar el ombligo, dejar de pensar exclusivamente en nosotros. Hemos hablado de cambios, de si cambiamos o no cambiamos, de si nos gustaría que nuestro marido, nuestra mujer, fuera así o asá, que cómo nos gustaría cambiarle según qué cosas, pero debemos tener muy clara una cosa: los cambios solo nos los podemos aplicar a nosotros mismos y cambiando nosotros conseguiremos, o no, que cambie nuestro entorno. Lo que es evidente es que "si ponemos amor donde hace falta amor, conseguiremos amor" (san Juan de la Cruz).

No pienses solo en ti, este es nuestro mayor defecto y actualmente pienso que más. Piensa en él, piensa en ella. ¿Cómo le gustaría que fuera? ¿Qué le encantaría? ¿Qué le hace disfrutar? ¿Qué le gustaría que hiciéramos?…

Si a tu mujer le apasionan los motores de explosión, te empollas bien cómo funciona un motor: cuatro detalles pero con interés, y en la próxima cena romántica, en aquella mesa pequeñita en la que estáis cara a cara como cuando erais novios, le dices: "Mira, cariño, he estado pensando que los motores de dos tiempos a diferencia de los de cuatro tiempos consiguen que los pistones en el momento de la explosión…" no hace falta que le digas muchas cosas más, se vuelve loca, mucho más que si le dices veinte veces que la quieres. Porque cómo nos gusta que los demás demuestren interés por las cosas que nos gustan y si es nuestra pareja, mucho más.

Si a tu marido le gusta ir de compras, le montas un día de "shopping", pero de verdad, un buen desayuno y toda la jornada de tiendas, prendas y más prendas, que se pruebe todo y, además, tú demostrando interés: "Esto te queda perfecto, pruébate esta camisa y esta otra…". Seguro que lo pasará genial y viendo que él disfruta, tú disfrutarás más…

Se trata de demostrar interés real, si no es real, se ve a la legua. Interés por las cosas que le gustan o interesan al otro; con esto no quiero decir que tengamos que compartir aficiones, *hobbies* o deportes, es evidente que cada uno puede y debe tener los que quiera, si los compartimos, perfecto, pero lo que de verdad tenemos que compartir es nuestra vida. Es incluso bueno y necesario que cada uno tenga sus ratos de entretenimiento siempre que se hablen y no resten ni tiempo ni dedicación a lo que es realmente importante, nuestro matrimonio, nuestra familia.

Si tu afición es jugar al golf y cada sábado por la mañana te vas a jugar con tus amigos un recorrido completo de 18 hoyos, cuando en casa tienes a tu mujer y cuatro hijos pequeños… no hace falta ser muy lince para saber que tenemos un problema. Además, no esperes que tu mujer demuestre interés por los últimos palos Callaway que han salido al mercado... Hay que saber y poder compaginar matrimonio, familia y aficiones. Eso no quiere decir que no puedas jugar al golf ni hacer el "Tour de France"; el tema de la afición a la bici actualmente también es toda una locura, y las salidas, fantásticas, no acostumbran a ser cortas. Habrá que hablarlo y hacer milagros para que tu partida, tu escapada, tu deporte o afición encaje en vuestra vida, y es evidente que hay aficiones que, por dedicación y tiempo, encajan mal en según qué épocas de la vida; si tienes críos pequeños, te aconsejo que practiques el *swing* en el balcón para cuando seas veterano.

Hablando de bicis, el otro día se me ocurrió preguntar a mis seguidores en redes, cuántos tenían problemas con la afición al ciclismo del otro. Fueron muchos, y sobre todo mujeres, que me dijeron que odiaban las bicis, que su marido, además de gastarse una pasta en el ciclo, pensaba más en la bici que en ella. Les propuse un reto: "Demuestra interés por la bici de tu marido, interésate por si el cuadro es de carbono o de aluminio, pregúntale cuántos piñones tiene su nueva bicicleta". Una vez más se hizo patente la impaciencia de las mujeres, y hubo varias que no tuvieron aguante de esperar el momento apropiado para preguntar y demostrar interés. Directamente tiraron de WhatsApp y les preguntaron a sus respectivos: "¿Cuántos piñones tiene tu bici?". A lo que un marido respondió: "¿Qué quieres?"... Extrañadísimo por la pregunta, ja ja ja ja... Peor fue otra que confundió los piñones con los frutos secos y le preguntó a su marido vía móvil: "¿Cariño, cuántos pistachos tiene tu bicicleta?". A lo que el marido respondió extrañado: "¿Te encuentras bien?".

Demasiadas veces pensamos en lo que nos apetece a nosotros o incluso nos justificamos de la necesidad de ello. Es evidente que en general nos pasa mucho más a los hombres, no digo que no les pase a las mujeres, pero en mi entorno y experiencia las discusiones por estos temas habitualmente son porque el marido hace lo que le da la gana, sin dar muchas explicaciones. Es un tema importante del que hablar a fondo y saber encontrar ese punto medio que nos haga felices a los dos. Siempre requiere mucho amor y, por qué no decirlo, sacrificio en bien del matrimonio y la familia. Si eres cazador, golfista o te apasiona el ciclismo, no te enfades conmigo, pero seguro que sabes de qué te hablo…

Dejarse mirar

Déjate amar… Al dejarme querer me doy cuenta de que te necesito y me baja el orgullo, me hago vulnerable y sé ver la importancia que tienes tú en mi vida. La necesidad que tengo de ti, que tenemos el uno del otro. Actualmente, en la sociedad en la que vivimos, parece que suena mal decir que nos necesitamos el uno al otro, parece que no necesitamos a nadie, que podemos ser felices nosotros solos. Creo que es esencial en el matrimonio sentirnos necesitados el uno del otro. Cuántas veces decimos, o pensamos, como la canción de Coque Malla: "No puedo vivir sin ti… no hay manera… No puedo estar sin ti… no hay manera".

No es fácil dejarse querer, debo confesaros que en mis charlas a matrimonios nunca hablaba de este tema, no me había detenido a pensar lo importante y vital que es. Mi amigo Pepe Samaranch y su esposa Paloma, buenos terapeutas matrimoniales, me dijeron: "Pep, es imprescindible que hables de dejarse amar. Vemos muchos matrimonios con problemas porque no se dejan querer. Crean muros a su alrededor, se construyen corazas".

Cuántas veces el orgullo, el pensar que lo sabemos todo, que somos el centro del mundo, ese ombligo del que hablábamos antes, no nos deja ver la necesidad que tenemos de ser amados, y ante muestras de cariño de nuestra pareja respondemos mal, o con el clásico "estoy cansado" o peor, con el "déjame", con un gesto despectivo y girando la mirada. Olvida tu orgullo, propóntelo, déjate querer siempre, especialmente cuando paséis temporadas de bajón, aquellas temporadas en las que los abrazos largos y silenciosos son tan importantes, ante cualquier muestra de cariño, déjate querer, aparca tu orgullo y entrégate al amor, que todo lo soluciona.

Es tan importante esforzarse en amar, como esforzarse en dejarse amar. Hay que ser proactivo, pero tantas veces es más difícil ser receptivo, esa caricia que no apetece, ese achuchón del otro cuando tú no tienes ganas, ese dar largas puede ser nefasto para nuestra relación.

COSAS A EVITAR PARA QUE NO DESAPAREZCA LA ALEGRÍA EN NUESTRO MATRIMONIO

Hay muchísimas cosas que debemos evitar para que la alegría no desaparezca de nuestro matrimonio, de nuestras vidas, podríamos citar mil cosas, aquí recordamos algunas.

No abandonarse

Todos conocemos matrimonios que después de años de noviazgo, incluso después de convivir sin casarse una larga temporada, se casan y se separan a los pocos meses. Parece increíble, pero es tristemente una realidad. Y es que muchos matrimonios se abandonan. ¿Qué quiero decir con que se abandonan? Que dejan de cuidarse personal y mutuamente. La idea de "ya no le tengo que conquistar", "ya estamos casados", "ya no tengo que esforzarme en amarle", hace que los hombres demos rienda suelta a la barriga, y nos crezcan unas panzas que ríete de Sancho el escudero de Don

Quijote: sofá, pantalla de pulgadas infinitas, cervezas y ligas de fútbol non stop, ahh, y me olvidaba de la camiseta imperio, tan atractiva cuando uno no tiene un tipo escultural.

Ya os he comentado que soy dentista y cuántas veces veo en la clínica pacientes con un problema estético espantoso, y es que uno ya puede ser muy guapo, que, si te falta un diente anterior, una pieza de la "fachada", echas al garete toda la hermosura. A estos pacientes yo les comento: "No puede ir sin estas piezas, cuando sonríe se le ve y queda horrible, además de la necesidad de tener una boca cuidada para una buena salud". La respuesta muchas veces se repite:

—Por la estética no importa, ya no tengo que enamorar a nadie.

—Señora, ¿pero no está usted casada?

—Sí, por eso, que ya no tengo que enamorar a nadie…

¡¡Que no!! Que no puede ser, que debemos estar lo más guapos que podamos, lo que dé de sí cada uno, no tanto para uno mismo, sino para el otro. ¿Recuerdas cuando querías conquistar a tu mujer? ¿Recuerdas la de veces que te mirabas al espejo antes de que te pasara a buscar tu novio? Tampoco hay que exagerar, pero no te abandones, de verdad, ya sé que el tinte dura poco y que el tema peluquería llega a una edad que se hace pesado… pero no dejes de ir a la pelu, te verás más guapa y enamorarás a tu marido. Si alguna está en la fase en que ha decidido dejarse de teñir, ya sé que es una etapa difícil la de la "mutación", que no se enfade conmigo y lo hable con su marido, para que el camino del rubio teñido al blanco, pasando por infinidad de gradaciones de gris, sea lo más llevadero posible.

Cuidado con las bromas

Es imprescindible que, para ser matrimonios que disfruten, nos lo pasemos bien, que nos riamos, que nos gastemos bromas, con cariño, pero cuidado, cuántas veces muchas bromas acaban en discusión.

"No, si te lo decía en broma…".

Debemos "reír con, pero no reír de". Hay países en los que llamar "gorda" a tu mujer es un piropo cariñoso. Mi amigo Mitchel tiene registrada así a su mujer en el móvil, pero en mi tierra le llamo gorda a mi mujer y se me cae el pelo.

Tú no puedes abrazar a tu marido y agarrarle el "michelin" con una expresión de tipo: "¿Qué, vamos bien con esas cervecitas, eh?…". Y menos, si el agarre es a la inversa. Tu mujer te mata.

Una chica me contó que el mejor recuerdo que tenía de joven en casa de sus padres era cuando se cerraba la habitación de matrimonio y les oía troncharse de risa. Precioso. ¡¡Reír con!!

Hablando de bromas: ¿me dejáis que os cuente una anécdota? Hay una situación que no tiene remedio, si te ocurre, te acordarás de mí, y debes pensar muy bien cómo la solucionas…

Nos invitan a una boda y la celebración es a una hora de coche de nuestra casa, los hombres tenemos la ventaja de que acicalarnos para un convite es cuestión de minutos. Te pones el traje, te anudas la corbata, una peinada, un poco de colonia y listos. Resulta que tú ya llevas un rato listo para salir, miras el reloj y ves que vamos apurados de tiempo. "Cariño, deberíamos ir saliendo" y observas con sorpresa que tu mujer pasa corriendo por el pasillo con un vestido rojo, distinto del que llevaba hace unos minutos cuando la viste en el baño, creo recordar que el vestido era verde…

Toma asiento y relájate… miras de nuevo el reloj, está claro que ya os perdéis la entrada de la novia. "Cariño, ¿vamos?". Le preguntas ya un poco nervioso… "¡Sí!! Ya voy". En unos minutos sale tu mujer corriendo, con los zapatos de tacón en la mano y te pregunta señalándose con un movimiento de cabeza a pies con las dos manos: "¿Te gusta?"… Es de las preguntas más difíciles que te han hecho en tu vida. La respuesta está clara, pero la entonación, el movimiento, la prisa, diríamos la "expresión no verbal" requieren de un curso de Dale Carnegie… Vamos a ver: no le vas a responder que no te gusta, es tu mujer, te encanta y ciertamente se ha puesto guapísima para una boda. Si por lo que fuera no te gusta el vestido y te atreves a decirle que no te agrada, además de ganarte una buena bronca ya tienes el "hannover" asegurado. (Hannover: dícese de llegar a una boda directamente al banquete saltándote la celebración). Imposible responder que no. La respuesta correcta es "sí" (muy bien, lo has adivinado), pero cuidado con ese "sí". Debe ser un sí sincero, que salga del corazón y no solo eso, sino que tu mujer lo sienta convencido.

Tienes prisa, llegamos tarde y lo fácil es que respondas un sí, sin mucho interés, incluso casi sin mirarla… peligrosísimo… pero además es que, digas como digas el "sí", la situación es terriblemente complicada, a no ser que seas Antonio Banderas (actor); porque si ella te lo pregunta, es porque no lo tiene claro, has visto que ha cambiado de vestido y ha apurado porque dudaba qué vestido ponerse… O sea, debes pararte, olvidar que estás enfadado por el retraso, demostrar interés, mirarla con detalle y responder un "sí", acompañado de un "guapísima" sin prisas, para salir a tope y llegar a tiempo.

Discúlpame, ya sé que es una tontería, y además muy exagerada, pero esta es mi intención, que te choque. Seguro que más de uno se ha visto reflejado en esta anécdota… Cuántos malos entendidos por tonterías que tantas veces no sabemos interpretar.

En referencia a los malos entendidos, otra cosa que hay que evitar son las discusiones.

Evitar las discusiones inevitables

Las discusiones en el matrimonio son inevitables y lo que hay que hacer es evitarlas. ¿Cómo dices? Si son inevitables, ¿cómo vamos a evitarlas…?

Me atrevería a aconsejar tres cosas que podrían ser cinco o veinticinco:

–Evitar las situaciones que pueden crear conflicto, muchas veces sabemos qué es lo que nos hace enfadar y podemos evitarlo. Cada matrimonio se sabe las suyas.

–Que duren lo menos posible.

–Que no se acumulen (y esto va dedicado en especial a las mujeres…).

Os tengo que confesar que nosotros cuantos más años llevamos de matrimonio menos nos enfadamos, en serio, y que la mayoría de enfados son siempre por pequeñas tonterías que ya nos conocemos el uno del otro, pero en las cuales volvemos a caer: "Tropecé de nuevo y con la misma piedra…", como dice la canción.

Es evidente que hay matrimonios que tienen discusiones serias, y es una pena, muchas veces son fruto de temas que no se plantearon durante el noviazgo, o que tantas veces no podías ni imaginar. La vida te depara situaciones tan difíciles, que hacen que muchos matrimonios pasen por épocas en las que la convivencia no es fácil. Es necesario entonces pedir ayuda a terapeutas matrimoniales con criterio, los hay muy buenos, antes de que la cosa se complique demasiado. No hay que esperar a estar muy mal para pedir ayuda, es muy necesario pedirla cuando vemos que solos no podemos, que es complicado, que la situación se nos va de las manos. Lo ideal es ser conscientes, los dos, de que tenemos un problema y queremos solucionarlo, si acudimos los dos a terapia, la cosa está bien encaminada. Si uno se da cuenta de que tenemos un problema y el otro no quiere ponerle solución, o no es consciente de la situación en la que estamos, el que se da cuenta es el que debe actuar, proponer la visita al terapeuta o acudir él solo para empezar una terapia que nos ayude.

Pero los matrimonios la mayoría de veces nos enfadamos por tonterías, por pequeños detalles, casi siempre de orgullo, que nos hacen saltar.

El otro día decidí preguntar por Instagram (como veis, todo muy científico) cuáles eran los motivos de discusión más frecuentes, y que me diferenciaran si eran novios o matrimonios. En las veinticuatro horas que dura un "story" recibí más de ochocientos mensajes, parece que el tema era interesante. Al principio muchos me contestaban: "Siempre son tonterías", y les insistí en que lo que me interesaba eran precisamente esas tonterías. Saqué una conclusión clara: a todos los matrimonios nos pasa lo mismo, casi siempre nos enfadamos por las mismas tonterías o no tan tonterías. Dejando aparte temas serios, que evidentemente los hay, la mayoría de enfados son por temas de orden, especialmente enfados de las mujeres con los varones, y concretamente de orden y limpieza en el baño, ¡¡esa tapa!! o mil detalles al conducir, que si a la derecha, que a la izquierda, que ya te lo decía, que no corras tanto, ¡¡frena!!, ¡¡ya lo he visto!!… Hay coches en los que hay tres GPS y entonces es imposible llegar al destino correcto. Otros temas de discusión habitual son la puntualidad, el aseo personal, el modo de vestir, la decoración de la casa, las aficiones de cada uno y el tiempo que les dedicamos, la planificación de las vacaciones, los trabajos de la casa y quién los hace… Pero hay dos temas estrella: la familia política y los hijos.

La familia política

La siempre querida familia política, y no lo digo en broma, es un tema importante y delicado. Hay que querer a la familia política, aunque no se lo merezca, sí, así, como suena, y tener muy claro que nos hemos casado con nuestro marido, con nuestra mujer, que no nos casamos con la suegra, pero que su familia, la del otro, es muy importante para que la nuestra crezca en un ambiente sano.

No hay nada mejor, para educar a los hijos, que el amor de sus padres y el cariño de la familia extensa, la famosa tribu. Sí, ya sé que hay suegras muy "metomentodo", pero habrá que aprender a lidiarlas. Siempre con cariño y pensando en el bien de nuestra pareja y nuestra familia antes que en los gustos personales; recordad, hay que dejar de mirarse el ombligo.

Como en todo es un tema de buena conversación, tranquilos y sin enfadarse, saber ceder, saber organizarse. Uno puede decir: "Mi madre es muy pesada", pero nunca puedes decir: "Tu madre es muy pesada", aunque lo sea, y aunque lo haya dicho el otro hace un segundo.

Cuando hay conflictos o malos entendidos con la familia política, es importante que sea el hijo el que converse con sus padres para resolver la situación. No es bueno discutir con la familia de la pareja, nunca es bueno discutir con nadie, las relaciones y solución de problemas acostumbra a ser más fácil entre hermanos o hijos que entre cuñados o hijos políticos.

Tantas veces es un tema de educación, de mano izquierda, de saber estar. Aunque el cuñado sea insoportable, es un gesto de educación y cariño compartir mesa en días señalados, y esforzarse por conseguir crear un ambiente agradable, en el que todos nos sintamos bien. También es importantísimo no hablar mal de nadie, y sobre todo que los hijos no nos oigan. Cuántas conversaciones pueden ser mal interpretadas, y son el inicio de problemas que podríamos evitar si hubiéramos estado calladitos.

Pero no vamos a hablar siempre mal de la suegra y de la familia política. Infinidad de familias son un encanto, y es entonces cuando tenemos que ser agradecidos, y reconocer a todos los familiares lo importantes que son para nosotros y cuánto les queremos. No olvidemos que la estabilidad y el cariño de la familia amplia es esencial para disfrutar del matrimonio.

Al tema importantísimo de los hijos ya le dedicaremos un capítulo.

Que los enfados duren lo menos posible

Hay un dicho tan bonito como falso, perdón, difícil, es que me sale la vena radical: "Nunca te acostarás sin haber hecho las paces".

¿Y si resulta que te has enfadado dos minutos antes de meterte en la cama porque has salpicado el váter, y no has pasado el papel ni cerrado la tapa? No es lo mismo enfadarse a las nueve de la mañana que a las diez de la noche. Además, cada uno tiene su tiempo, unos se enfadan y desenfadan muy rápido, y a otros les cuesta más. Cada uno es como es, incluso a veces pienso que es bueno dormir los enfados, y así al día siguiente se ven las cosas de otra manera. Sea de una manera o de otra, lo importante es no alargar los enfados, que no se "enquisten". Os transmito un mensaje que me mandó Mariana por Instagram que pienso que resume muy bien este tema:

"Nosotros lo que tenemos por regla es no hablar demasiado estando enfadados, para no decir algo que realmente no pensemos, ni decir algo de una forma hiriente; y posponer la conversación al momento en que se nos pase un poco. Y también la regla de no irnos a dormir sin darnos un beso. También le tengo dicho a mi marido que cuando estoy enfadada me abrace, porque soy consciente de que eso me reduce considerablemente la ira que pueda sentir".

No me digas que no es precioso, aunque yo conozco a más de una que cuando está enfadada, ni se te ocurra acercarte a darle un abrazo... Si es que nadie es igual, aunque a todos nos pase lo mismo. Debemos tener siempre muy claro que en el matrimonio SOMOS UNO, y uno no puede ni debe estar enfadado consigo mismo demasiado tiempo. No dejemos que los enfados se alarguen, intentemos hacer las paces lo antes posible, rápido, sin darle demasiadas vueltas a los temas.

Que no se acumulen los enfados

Y, sí, lo digo especialmente a las mujeres, que en este tema sois especialistas, seguro que también hay algún varón, pero tengo claro que son menos. Acumuláis enfados, muchas veces pequeñas cosas, incluso después de haber solucionado el tema y haber hecho las paces. La típica y fatídica "gota que colma el vaso":

Un día nos enfadamos por una cosa concreta, una tontería, y de repente, como una explosión, sale una retahíla de recuerdos, de situaciones, de cosas pasadas de las cuales ya ni te acordabas, y en el momento del enfado ¡¡salen como en tropel!!

Es bueno y necesario no acumular enfados, y si una cosa no nos gusta, sin enfadarnos, debemos decirla y debemos aceptarla para después hablarla con cariño y esforzarnos los dos en mejorar. La "corrección fraterna" debe ser algo más que habitual en el matrimonio, nos debemos corregir, siempre con mucho amor, el uno al otro para mejorar como matrimonio y como personas, y esto lo debemos aceptar como un regalo porque nos queremos, porque queremos ser cada día mejores y llegar al cielo, que es a lo que estamos llamados.

Enfados los mínimos, cariño a raudales, nos disgustamos por un tema y cuanto antes lo solucionamos. No acumulamos ni echamos en cara nada, nos debemos querer cada día más y mejor.

También es muy bueno, pero con cuidado, reírnos a "toro pasado" de los enfados que hemos tenido, que con el tiempo incluso nos pueden ayudar a que no se repitan.

Recuerdo un día que me enfadé con Mercè y si os tengo que ser sincero, ahora no recuerdo el motivo. Debía de ser gravísimo, seguro que era una tontería, como siempre. El hecho es que estábamos invitados a comer a casa de unos amigos en la playa, que está a una hora y media de casa, yo creo que debía de estar nervioso porque llegábamos tarde (antes me pasaba un montón, ahora menos, vamos mejorando, no sé si mejoro o ahora soy yo el que va tarde...) y me enfadé, puse cara de morros y no le dije nada a Mercè durante todo el viaje ¡¡¡hora y media!!! Nada, música en el coche y contestando monosílabos (menudo borde)... Llegamos a casa de los amigos, donde nos esperaba un buen grupo de gente para comer. Al ver a nuestros amigos y empezar los abrazos y las risas se me pasó el enfado y me olvidé de lo imbécil que había sido con ella. Buenos amigos, buena comida, buenas copas y la sobremesa se alargó hasta bien entrada la tarde. Cuando ya nos íbamos, los dos solos, camino del coche, le digo a Mercè: "¿Qué te parece si buscamos un hotelito por aquí por la playa, nos quedamos a dormir y regresamos mañana?...". Seré impresentable, recuerdo perfectamente la cara de mi mujer cuando oyó tal propuesta. ¿Cuántas veces somos tan simpáticos y amables fuera de casa, y podemos ser tan antipáticos, incluso bordes, con los que más queremos? La que se enfadó, y con razón, fue ella, porque es evidente que la noche romántica en el hotelito de la playa me la tuve que pintar al óleo. Y otra vez volvimos escuchando en este caso, está claro, la *playlist* de su Spotify.

Al llegar a casa nos pedimos perdón y como siempre las cosas acabaron bien. Mercè es muy crack.

Esta historia en casa la recordamos muchas veces para, de alguna forma, reírnos de nosotros mismos, y darnos cuenta de que los enfados casi siempre empiezan por pequeñas tonterías. Pueden ser como una bola de nieve que, bajando por la ladera, se va haciendo cada vez más grande, hasta llegar a ser inmensa, y una tontería puede terminar en un "problemón".

Hay dos términos que están prohibidos en el matrimonio: el SIEMPRE y el NUNCA. No es verdad que "siempre me deje la tapa abierta" aunque sea muchas veces, y tampoco es cierto que "nunca te haga caso". Será que hoy no te he hecho caso… los términos absolutos hay que abandonarlos para el bien del matrimonio.

"El amor hacia adelante es eterno, hacia atrás es un portazo".

No sé si lo he leído en algún sitio o me lo he inventado, pero es evidente que la vida matrimonial es una obra de arte, de orfebre, es un trabajo delicado y constante, sobre todo alegre, que poco a poco y con la ayuda de Dios, va progresando de una manera increíble, muchas veces impensable, pero que hay que cuidarla como oro en paño. Si nos enfriamos, si nos relajamos, si dejamos de darle importancia, si dejamos de trabajarlo, se va al carajo. Menudo final más bastorro.

EL PERDÓN:
PEDIR PERDÓN Y PERDONARSE

El tema del perdón es fundamental en el matrimonio, me atrevería a decir que es uno de los temas básicos en los matrimonios que disfrutan, y más en los que no disfrutan, porque ¿cuántas veces ese "mal vivir" es lo que te quita la alegría?

Nos tenemos que pedir perdón sin darle muchas vueltas al asunto, un perdón automático, ya hemos dicho que cada uno necesita su tiempo y muchas veces necesitamos que "amaine el temporal". Pero no hay que pensarlo mucho, hay que sosegarse y pedirlo, no hay que entrar en el bucle tengo razón o dejo de tenerla, hay que pedir perdón, ¡pero ya! ¿Cuesta? Sí, claro que cuesta, pero ahí está la gracia, en las cosas que nos cuestan.

Y cuando nos perdonamos, debemos olvidar. El "perdono, pero no olvido" está bien para las novelas, pero no para la vida de nadie y menos en el matrimonio, nos perdonamos y nos olvidamos sin darle más vueltas.

Me gusta decir que "no hay perdón sin abrazo", ya hemos comentado la importancia de los abrazos y de los abrazos largos. Cuando nos perdonamos nos debemos abrazar, y como casi siempre que nos abrazamos, apretar fuerte, y ya sabéis: no hace falta decirse nada. Está todo dicho y olvidado, qué maravilla. Llevamos mucho libro y pocos abrazos, suelta el libro y pégale un buen abrazote a tu pareja, sí, sí, "largote" y "apretao", sin más.

LA IMAGINACIÓN

"La imaginación es la loca de la casa", decía santa Teresa de Jesús.

Otra cosa que debemos tener en cuenta los matrimonios es la imaginación y este tema va, en general, para los varones. Los hombres nos hacemos unas películas con el tema sexual que ríete de la *Guerra de las Galaxias*.

Estás en el trabajo y a media mañana, como debe ser, le mandas un WhatsApp a tu mujer preguntándole qué tal le va el día, ella te responde que muy bien, y te manda dos emoticonos de aquellos con corazoncitos en los ojos, tú le contestas con tres y dos de los que dan besitos, ella te manda un corazón grandote que incluso tiene pulsaciones…bueno… ya la tenemos liada, la imaginación se dispara y ya te crees que por la noche cuando llegues a casa tendremos un increíble festival. Va pasando la tarde y la imaginación *in crescendo*, estás seguro de que, cuando llegues, los niños estarán acostados, o seguramente los habrá dejado en casa de la abuela, la mesa puesta en el comedor para dos, incluso con velas, un menú especial y tu mujer te esperará con lencería de estreno, que se ha comprado esta mañana después de enviarte el mensaje del corazón... Te apresuras a llegar a casa y al abrir la puerta... ay, al abrir la puerta... tu mujer acaba de llegar igual que tú, pero sin películas en la mente, hecha polvo del trabajo, los críos están como una moto, toca bañeras y hacer la cena y resulta que tu peli, tu peli, la del festival, la tendremos que poner otro día. A arremangarse y a hacer bañeras, que es lo que toca...

Tengo una anécdota familiar muy adecuada para este tema, aunque sé que a Mercè no le gusta que la cuente, porque no la explico como realmente fue, y da la sensación de que ella no quisiera participar de la fiesta.

Un fin de semana teníamos planificada una salida a la montaña, tenemos una casita antigua y acogedora en el Pirineo. Todavía teníamos tres hijos en casa, y el miércoles cenando comentamos la escapada, como hacemos cada vez que queremos subir, y como era habitual se apuntaron los tres. Al día siguiente Toni, el mayor, comenta que le es imposible venir, porque le han puesto un examen el lunes y tiene que quedarse a estudiar; el siguiente, Mateu, dice que, si se queda el mayor, él también se queda a estudiar, y el tercero, Jaume (todos veinteañeros), que, para subir solo con nosotros, se queda con sus hermanos. ¡¡Se me abrieron los ojos como platos!! No insistí mucho en que se animaran a venir... Un fin de semana romántico a la vista, y mi cabeza empezó a imaginar, como la del buen marido que está loco por su mujer. Saldríamos el viernes al mediodía, ya tenía pensado dónde pararía a comprar provisiones, el chuletón en tal pueblo, una buena botella de vino en tal sitio, llegaré a casa y encenderé la chimenea, pondré música, manta de cuadros…

Llega el viernes por la mañana, me levanto más contento que unas castañuelas, aquella mañana me convertí en un *crack* de la odontología, sacaba las muelas incluso de espaldas y estaba más simpático con los pacientes que nunca. Se termina la jornada, cojo el coche, y zumbando me voy a buscar a Mercè a casa para empezar el fin de semana de ensueño… llego a casa cantando. "Cariño, ya nos podemos ir". Preparo la maleta en un minuto y marchando… Ella me mira y me responde:

—He invitado a unos amigos a pasar el fin de semana con nosotros…

¿Cómoooo?

No puede ser, no puede ser.

¿De verdad? Pero si teníamos un fin de semana para los dos solos…

Y voy yo, y me enfado, os he dicho que me enfado poco y ya os he contado dos, ja ja ja…

Pero ¿por qué no lo hablamos?, ¿por qué siempre imaginamos y pocas veces proponemos?

La verdad es que la historia terminó muy bien, mis amigos le pidieron a Mercè subir con nosotros, ella evidentemente les invitó, lo pasamos genial, y además solo pasaron una noche en casa, marchándose al día siguiente, no porque yo les presionara, que quede claro… Aprovechamos y disfrutamos los días que nos quedamos solos los dos a tope.

Y es que los matrimonios tenemos que montarnos planes, tenemos que proponernos escapadas románticas, debemos conocer todas las ofertas de los hoteles de nuestra ciudad o de la ciudad vecina.

Para nosotros el mejor plan cuando teníamos los hijos pequeños era una noche de viernes. Buena cena, oferta de hotel con desayuno incluido, no hay nada como los desayunos de hotel, un buen bufé sin prisas, y después vuelves con las pilas recargadas y conforme los hijos van creciendo y empiezas a vislumbrar el "chollo del nido vacío", las escapadas son mucho más fáciles y frecuentes. Tenemos que proponernos planes, escapadas, según las posibilidades de cada uno. No es necesario gastar, es imprescindible imaginar, comentar y planear.

Nos tenemos que sugerir tener relaciones sexuales, está muy bien que fluyan, pero un comentario al oído a primera hora de la mañana proponiendo un encuentro sexual por la noche es gloria bendita, y entonces los emoticonos ya no son imaginación, son auténticos preliminares del festival de la noche.

EL PESTILLO

Hablemos un poco de sexualidad. Propongámonos encuentros, sepamos qué nos gusta y qué no nos gusta, no juguemos a descubrirlo, aunque no está mal jugarlo, conversemos, no es lo mismo un martes que un sábado "sabadete", no es lo mismo tener cinco críos en casa que no tener ninguno, no es lo mismo estar agotado del trabajo que estar de vacaciones, no es lo mismo cuando tienes treinta que cuando tienes sesenta años. Y aprovechando que he introducido un poco el tema, me gustaría hablar de un objeto necesario: el imprescindible pestillo, sí cl pestillo, aquel aparatejo que se pone para atrancar la puerta de la habitación del matrimonio, evidentemente por dentro. Hay que tener pestillo en la habitación de matrimonio cuando se tienen hijos en casa, sean de la edad que sean. Las madres necesitáis "desconectar para conectar" y no podéis desconectar si estáis con un oído pendiente de la habitación del niño y el otro, en el tema.

Es necesario atrancar la puerta, muchas me comentáis que: ¿cómo voy a poner un pestillo en la habitación si no lo hay en ninguna puerta de la casa? Y además siempre les digo a los niños que no se cierren. No tenemos por qué

dar explicaciones de todo a nuestros hijos, en la habitación de los papás hay pestillo y punto. Y qué más da que
sepan que estamos haciendo lo que estamos haciendo, si
es que es lo que tenemos que hacer… ya lo entenderán
más adelante y cuando se casen, será lo primero que ins-
talarán en su casa, un precioso pestillo.

El otro día, un amigo arquitecto me comentó que él,
siempre que construía una casa unifamiliar, les montaba
un buen pestillo, de aquellos integrados en la puerta, en
la habitación de matrimonio con la sorpresa de más de
una familia.

¡¡¡Que las relaciones sexuales unen al matrimonio!!!
Que nos hacen uno, no solo físicamente, sino espiritual-
mente. Una entrega total de dos cuerpos y dos almas, sin
reservas: LIBRE, TOTAL, FIEL Y FECUNDA es un regalo. Como dice mi amigo Rafa Lafuente, "somos pocos los
que lo hacemos bien y lo hacemos poco". Entrega total de
un hombre y una mujer para siempre y abierta a la vida.
Sin impedimentos, sin plásticos, sin hormonas, expresión
máxima del amor de dos personas. Vivir la sexualidad
así es un regalo, hay que promoverlo, hay que explicarlo
a nuestros hijos y amigos. Estamos hechos para el amor,
y la sexualidad en los hombres es un regalo que, bien utilizado, es una bendición, y mal utilizado, es un desastre
que actualmente causa heridas gravísimas en los cora-
zones de tantas personas que utilizan el sexo como pura
diversión, sin tener en cuenta el fin unitivo y procreativo
para el que está creado.

LOS HIJOS

Ya hemos dicho que el principal motivo de discusión, además corroborado en mi "supercientífica" encuesta de Instagram, es el tema de los hijos.

Los hijos, cuando vienen, son la mayor alegría para un matrimonio, pero también son fuente de importantes diferencias y discusiones.

El tener hijos o no tenerlos, el qué pasa si no los tenemos, el qué pasa si con solo olernos ya nos quedamos embarazados, el cuántos nos gustaría tener, el tema de la paternidad responsable, los motivos para tenerlos o no, la utilización o no de métodos anticonceptivos, la adopción si no los tenemos o las técnicas artificiales de fertilidad, la educación y formación de los hijos cuando los tenemos, la posible enfermedad o discapacidad de un hijo. Tantas y tantas cosas y situaciones que hasta que nos pasan, hasta que las vivimos, son tan difíciles de asimilar, incluso de imaginar. Por eso es tan necesario en el noviazgo hablar a fondo de estos temas y soñar, para bien y para mal, imaginar todas las situaciones, hablar a fondo de todo. Nunca podemos saber lo que la vida nos va a deparar. Si somos creyentes, confiamos en Dios y sabemos que, pase lo que pase, todo es para bien *(Omnia in bonum)* y da mucha paz confiar y abandonarse en sus manos.

A la Ministra de Educación española de turno, hace unos años, se le ocurrió decir en unas declaraciones, después de un consejo de ministros, que los hijos no son de los padres. Concretamente dijo: "No podemos pensar de ninguna de las maneras que los hijos pertenecen a los padres". Sus declaraciones causaron un gran revuelo y un montón de chistes y broncas que hacían referencia a sus palabras. De hecho, la ministra tenía razón, los hijos no pertenecen a los padres, como bien explica mi amigo Javier Vidal-Quadras en uno de sus magníficos *posts:*

"Nuestros hijos no pertenecen a nadie, son libres y dueños de sí mismos, pero en el lento desarrollo de la naturaleza humana hasta la plenitud de facultades, el hijo aplaza este señorío de sí al momento que alcance una cierta madurez personal y mientras lo haga, los padres somos quienes estamos llamados a ejercer este maravilloso derecho-deber de educarlos".

Javier sigue diciendo: "Una de las definiciones de persona que más me gusta, es la que acuñó Carlos Cardona: la persona es 'alguien delante de Dios y para siempre'. En efecto, la persona no pertenece a Dios ni a nadie que no sea ella misma. No ha sido creada al servicio o pertenencia de nadie, sino como un fin en sí misma, llamada a amar y ser amada. Alguien que está llamado a vivir "delante" de Dios por toda la eternidad no puede pertenecerle: ¡es su amigo! Por eso se le parece tanto, porque es capaz de amar" (Del escrito "No pertenezco a nadie", Blog Familiarmente).

Precioso escrito que nos ayuda a ver que los hijos no son propiedad de nadie. A mí me gusta decir que a los hijos hay que educarlos para que se marchen de casa, tarea harto difícil actualmente, no hay manera de darles una patada en el trasero. A la calle…

No podemos hablar de matrimonios que disfrutan sin hablar de los hijos. Muchos hablan de ellos como si fueran setas, como si su educación dependiera de la suerte o de la conjunción de los astros. Cuántas veces oímos: "Tu sí que has tenido suerte, a ti sí que te han salido bien los hijos". "Hay que ver qué suerte habéis tenido con los hijos que os han tocado", como si esto de los hijos fuera una lotería.

Es cierto que cada hijo es único y que su educación también tiene que serlo. La expresión: "Los he educado a todos igual y me han salido todos distintos" no sirve. Nunca podemos educar a nuestros hijos igual, cada hijo es único y la vida es muy cambiante. El primero es el primero y el segundo ya tiene un hermano mayor, y a lo mejor, cuando nace el tercero, ya no están los abuelos, y la salud o el ánimo de los padres ya no son iguales. Seguro que el trabajo de los padres, ausencias y nervios varían con el tiempo.

Hay infinidad de temas y situaciones que influyen en la educación de los hijos, pero una cosa sí que la debemos tener muy clara: hay que dedicarse a ella en cuerpo y alma. Los matrimonios nos tenemos que querer un montón y nuestros hijos deben verlo, sentirlo y disfrutarlo. Conseguir que nuestros hijos sean personas de bien, que sean felices, es una obligación y una gran satisfacción cuando, con los años, ves los resultados.

Poner el cuerpo y el alma en la educación de nuestros hijos no quiere decir que nuestros hijos pasen por delante de nuestra pareja. Sé que este es un tema conflictivo. En muchos matrimonios los padres se vuelcan tanto en la educación de los hijos que descuidan al cónyuge. Es un fallo garrafal, y cuando quieren recuperarlo, o es tarde o ya son perfectos desconocidos.

En tu vida solo escoges a una persona, solo a una, a tu marido, a tu mujer. Tú no escoges a tus padres ni a tus hermanos, ni escoges a tus hijos, ni mucho menos a la suegra. Solo escoges a tu pareja. Es verdad que también escoges a tus amigos, pero a ellos, al menos de una manera habitual, no te los llevas a vivir a tu casa, ni mucho menos les prometes amor para siempre.

Es necesario tener claro, clarísimo, que nuestra pareja es lo principal. Es básico para disfrutar de nuestro matrimonio toda la vida.

Ya hemos dicho que los hijos son el principal motivo de discusión en el matrimonio. Su educación, las decisiones contradictorias que tomamos, el que uno diga una cosa y el otro decida la contraria, el que uno quiera un tipo de educación o formación y el otro no esté de acuerdo, que si se apunta a esto o se apunta a aquello, que si se sale o no se sale… Por eso es tan importante hablar en el noviazgo de temas que parece que nos quedan muy lejos, pero que, si no los tenemos claros, serán fuente de muchas discusiones o enfados.

Es difícil ser un matrimonio disfrutón, es difícil bailar en la cocina cuando los hijos te dan muchos quebraderos de cabeza.

Es evidente que siempre hay temporadas más o menos difíciles y que no podemos, ni debemos, controlarlo todo. Además, hay muchas situaciones incontrolables, las familias no somos perfectas, porque no lo somos las personas. Pero si tenemos claro nuestro objetivo, si tenemos claro lo que les queremos transmitir, si nos esforzamos en ser muy coherentes siempre, en transmitir ideas claras, en formar a buenas personas, con fuerza de voluntad, tolerantes con los demás, buenos amigos de sus amigos, que sepan apreciar lo que tienen, que sepan entregarse a los demás, que no piensen solo en ellos y saben que la vida requiere esfuerzo, y que la cruz está presente y la debemos agarrar y vivir con ella, que no es todo "me apetece" o "me gusta", que hay que esforzarse para conseguir las cosas y seguiría y seguiría… si conseguimos hijos felices, y si sois católicos, si conseguimos que nuestros hijos amen a Cristo, que la fe sea el pilar de su vida, entonces esto es un chollo, no digo que no suframos, porque los padres sufriremos siempre por nuestros hijos, pero cuando los ves felices, tu matrimonio es una maravilla.

Os he de confesar que yo soy muy llorón, aunque intente disimularlo, soy lo que se llama de "lágrima fácil", y cuando en una celebración familiar veo alrededor de la mesa a la familia: mi mujer, mis hijos con sus cónyuges, mis nietos, las novias, debo esforzarme y disimular para que no se me escape alguna lágrima. Digamos que me acostumbran a "picar" los ojos... Papá, ¿qué te pasa?... Nada, nada... me debe de haber entrado algo en el ojo... Un regalo.

Puede haber problemas, y los hay, y a veces graves, pero la unión familiar, el cariño entre todos, el poner todos la "carne en el asador", el querer el bien de los demás por encima del tuyo, te da una felicidad que no se puede describir, y menos yo, que soy un patán escribiendo, merece la vida.

Dale un besote al familiar que tengas más cerca, aunque sea la suegra. Venga, dáselo.

Os confieso una cosa, si ponéis todo el esfuerzo del mundo, que no es fácil —sobre todo los años con niños pequeños, trabajo a tope, hipotecas que dan vértigo, noches en las que no duermes las horas necesarias, llantos del bebé y pesadillas de los pequeños, adolescentes que rebosan hormonas, ponerse el despertador para ir a recoger, en pijama bajo el abrigo, a los jóvenes a la puerta de la disco a la hora acordada, acompañar los primeros desengaños amorosos, reír y llorar juntos…—, cuando todo esto va pasando, los hijos se van yendo de casa, y ves que son hombres y mujeres de bien, que, por supuesto, hacen cosas buenas y malas, pero que lo saben, que saben distinguir el bien del mal y se esfuerzan para hacer el bien, la satisfacción como padres es algo increíble, que merece todos los insomnios del mundo, y ayuda un montón a que el matrimonio disfrute. Los años de esfuerzo, de alegrías y penas tienen su recompensa y es inmensa.

EL DINERO

Parece algo muy materialista, pero el tema económico también es algo a tener en cuenta para ser un matrimonio disfrutón, y no porque se necesite mucho dinero para disfrutar, sino porque es un tema que tantas veces crea desavenencias en el matrimonio.

Algo que siempre me ha sorprendido, y que he visto en muchas familias, es que uno de los dos no sepa exactamente ni cómo se gana el dinero en casa ni si tenemos más o menos dinero. Creo que es muy importante ser muy transparente en el tema económico. Nos casamos en la prosperidad y en la adversidad, y a lo largo de la vida de una familia habitualmente hay periodos económicamente mejores y otros de más necesidad. Hemos de intentar que el dinero no nos quite la paz.

Está claro que es necesario un mínimo de ingresos para tener las necesidades vitales cubiertas y poder pagar las facturas habituales en una familia, para que la economía no sea algo que nos cause un quebradero de cabeza. Muchísimas familias lo pasan mal para llegar a fin de mes, demasiadas, y este tema se convierte en el monotema principal de las casas, que no les deja respirar. A veces da la sensación de que hay que ganar mucho dinero para que un matrimonio disfrute, y nada más lejos de la realidad.

Con las necesidades vitales cubiertas se hará "de más o de menos", pero no hay que darle al dinero más valor del que realmente tiene.

Es habitual pensar que cuando las cosas vayan mejor, disfrutaremos más, que ahora vamos muy ahogados. O que no nos malacostumbremos a disfrutar de cosas caras cuando la economía va bien, porque quizá algún día no nos lo podremos permitir. Hay que saber disfrutar de lo que tenemos, de la vida que nos ha tocado vivir. Por supuesto que es bueno soñar y aspirar a una mejora económica, pero no podemos depender de ella para disfrutar de nuestro matrimonio. Hay que disfrutar aquí y ahora con lo que hay.

¿Queréis hacer un ejercicio? Piensa un momento qué es lo más importante para ti, coméntalo con tu pareja. Es una pregunta muy interesante y que raramente nos hacemos. Muchas veces hablamos de valores y de virtudes, pero es difícil definir qué es un valor y qué es una virtud, qué virtudes o valores son más importantes, y cuáles lo son menos. Sin embargo, es mucho más fácil distinguir cuatro aspectos en la vida que en general son los que más nos importan.

La trascendencia, espiritualidad, Dios, mi fe.

La familia: mujer/marido, hijos, familia amplia.

El trabajo, indispensable para el sustento.

Mis amigos, mis aficiones.

Piensa en estos cuatro aspectos de la vida, háblalo con tu pareja y prioriza. ¿Qué es lo más importante para ti? ¿Qué es lo más importante para nosotros? ¿Coincidimos? Puede dar lugar a una buena conversación que a lo mejor no habéis tenido nunca.

Nosotros lo tenemos claro: en nuestra casa lo más importante es Dios, nuestra fe, y no es que sea lo principal, sino que no lo podemos desligar de ninguno de los demás aspectos. Dios está presente en cualquier ámbito de nuestra vida, no es que esté por encima, sino que lo engloba todo y, por supuesto, es lo más importante.

La familia en segundo lugar y dentro de la familia ya hemos comentado que es más importante nuestro marido o nuestra mujer por encima de nuestros hijos. A los hijos hay que educarlos para que se vayan de casa, en cambio, tu marido/mujer es para toda la vida.

En tercer lugar, el trabajo, indispensable para el sustento familiar y que además nos ocupa la mayor parte de nuestro tiempo.

Finalmente, aunque no menos importante, nuestras amistades, aficiones comunes y *hobbies* particulares.

¿Y qué tiene que ver esto con el dinero o la economía familiar?

El ejercicio es el siguiente: tú te coges a solas a cualquiera de tus hijos entre siete y veintisiete años, y así, sin más, le sueltas la siguiente pregunta: "¿Qué piensas que es lo más importante para mí?" (padre/madre, según quien le haga la pregunta).

Sí, ya sé que es una pregunta "random", pero es muy interesante saber qué te responden, sobre todo tus hijos pequeños.

No digas nada, no influyas en la respuesta. Seguramente se la tendrás que repetir porque quedará sorprendido y te dirá: "¿Qué, qué?...". Tú le repites:

"¿Que qué crees que es lo más importante para tu padre/madre?".

Un buen sitio para hacer este ejercicio es el coche, los dos solos, tú y tu hijo, agárrate fuerte al volante, no cierres los ojos, no sea que te la pegues, pero estate preparado para oír una respuesta que a lo mejor no te gusta o que no te esperas.

Le he pedido a muchos amigos y a mucha gente en mis charlas que lo hagan con sus hijos y que, si quieren, compartan la respuesta conmigo.

El resultado es sorprendente, y no en pocos casos la respuesta es: EL DINERO o EL TRABAJO.

Sí, sí, ya sé que sorprende, es evidente que la respuesta puede ser cualquiera, y LA FAMILIA acostumbra a ser la respuesta número uno, pero EL TRABAJO, y concretamente EL DINERO, es muy frecuente, sobre todo cuando el que hace la pregunta es el padre…

Este ejercicio siempre tiene un resultado positivo. Si lo que te ha contestado tu hijo te gusta, ¡¡perfecto!!

Le respondes: "Sí, señor, lo más importante para mí es Dios, nuestra familia o lo que te haya dicho". Si lo que te ha respondido no te gusta, es el momento de dejarle claro qué es realmente lo más importante para ti.

Muchas veces creemos que transmitimos algo porque lo tenemos en mente, pero no sabemos qué es lo que realmente captan nuestros hijos, por eso es bueno preguntárselo. Porque damos ejemplo incluso cuando no queremos darlo, y los chavales lo captan todo.

Y es que en muchas familias se habla demasiado de dinero, porque en tantas ocasiones es un tema que nos preocupa, y los niños se dan cuenta, ven claro que las necesidades económicas son el tema estrella en la familia.

Los hijos deben saber que el dinero es importante para vivir, pero debemos transmitir señorío sobre los aspectos económicos.

¿Qué es realmente lo más importante para ti? Plantéatelo, habladlo en casa y, si haces el ejercicio y quieres, me compartes la respuesta.

Siguiendo con el tema de la economía familiar, cada matrimonio sabrá cómo llevar sus finanzas, pero la transparencia y el compartirlo todo creo que es fundamental para que no haya discusiones en este aspecto. No tiene más importancia el que uno gane más y el otro gane menos, o incluso que no ingrese nada, todo debe ser para el bien de la familia. Estamos felices con lo que tenemos y más felices de saberlo compartir.

Cuántos problemas matrimoniales tienen su origen en aspectos económicos, frases del tipo: "Yo pago esto y tú pagas aquello", "mi cuenta corriente es mía", "yo aporto más", "estoy harto de pagar"… No seré yo quien os diga cómo hay que llevar la economía familiar, y menos desde un punto de vista fiscal. Soy nefasto en estos temas, pero es algo a tener muy presente y sobre el que es indispensable mantener conversaciones a fondo.

Y si, gracias a Dios, no tenemos dificultades económicas o estamos pasando una buena etapa, también es importante valorar los gastos, y pensar en ayudar a otras personas que lo están pasando económicamente mal.

LAS PEQUEÑAS COSAS
DE CADA DÍA

Las pequeñas cosas de cada día son las verdaderamente importantes y las que te hacen disfrutar

El bote de gel aguado

Si de verdad queremos ser matrimonios que disfrutamos, debemos tener muy presentes los pequeños detalles de cada día, la grandeza de lo ordinario. No podemos esperar a los días especiales, las vacaciones o esas escapadas, por otro lado, tan recomendables, para ser felices. El clásico "Ya disfrutaremos cuando los niños sean mayores" o "cuando terminemos de pagar la hipoteca, entonces sí" o qué sé yo, mil y una situaciones que nos hacen pensar que ya disfrutaremos más adelante, que ahora la cosa está muy complicada y resulta que la vida es aquello que pasa mientras estás pensando qué vas a hacer con ella.

En el día a día está el secreto de los matrimonios que disfrutan, en las cosas pequeñas, aquella infinidad de detalles que, si no nos fijamos, nos pasan, como la vida misma.

Hace unos días por la mañana, saliendo del baño, Mercè me dijo:

—No dejes el bote del gel debajo de la ducha con el tapón abierto que se llena de agua.

—¿Cómo?

Sinceramente, pensé que el tema era una tontería, ya me dirás la cantidad de agua que se puede meter dentro del bote de gel...

En casa tenemos la clásica bañera de toda la vida, en un extremo hay una repisa donde se dejan los botes de productos de higiene personal (el gel que utilizamos los hombres para todo y los veintidós botes de otros productos que utilizáis las mujeres), y en el lado opuesto, la bañera llega al ras con la pared donde está el grifo y la ducha. No era consciente de dejar el gel debajo de la ducha. Al día siguiente me fijé y sí, parece que cojo el bote de gel de la repisa y, después de utilizarlo, lo dejo en el borde de la bañera pegado a la pared donde está la ducha y, aunque es de aquellos tapones que solo hay que hacer "click", resulta que además lo dejo abierto. Cosas de hombres, solo utilizar gel de baño para cabello y cuerpo y dejarlo abierto donde no toca. Me reí de mí mismo y tomé la decisión de acordarme de Mercè cada vez que amarro el bote de gel, taparlo y dejarlo en la repisa, como debe ser, pero no solo por orden, sino por ella.

Llevo una buena temporada haciéndolo, y ya se ha convertido en un hábito, tapo el bote, lo dejo en la repisa que toca y pienso en mi mujer, dando gracias de tenerla. Te parecerá una chorrada, pero es que yo soy muy básico y, o me pongo momentos durante el día para acordarme de ella, o entre los pacientes y las mil y una cosas que tengo en la cabeza se me olvida lo más importante: ella, mi mujer, Mercè.

Pequeñas cosas, muy pequeñas, diría incluso ridículas, pero que durante todo el día te sirven para recordar que, con tu mujer, con tu marido, sois uno y uno no puede olvidarse de uno mismo.

Ya os he dicho que me encanta hacerle fotos, pues muchos días, sin más, me las miro y vuelvo a recordar la suerte que tengo de tenerla y quererla, y como esta, mil cosas, mil detalles:

- Un "Te quiero" dicho y oído, no supuesto.
- El beso por la mañana y por la noche.
- Esos abrazos de 10 segundos, obligatorios.
- Un achuchón por el pasillo cuando nos cruzamos.
- Un guiño de ojo cuando estamos con más gente, y si nos ven, no importa.
- Cerrar la puerta con cuidado cuando el otro duerme.
- Preparar el café como le gusta.

- Dejar su toalla sobre el radiador si sabes que se duchará después de ti.
- Un *post-it* en el espejo del baño o ese mensaje en el espejo que se ve con el vapor de la ducha.
- Comprar aquel capricho de comer que sabes que le gusta.
- Esa flor que le arrancas a la valla del vecino al llegar a casa.
- Decirle lo guapa que está, que te encanta la ropa que lleva, animarla a comprarse algo.
- Varios WhatsApp durante el día.
- Una llamada entre horas.
- Una birra los dos al llegar a casa.
- Una tapa rápida en el bar a una hora intempestiva.
- Poner su "playlist" en el coche.
- Un regalo por el morro, aunque no celebre nada.
- Espiarle mientras trabaja y que te pille.
- Saber cuándo ha ido a la pelu (no es fácil) y comentar lo guapa que está.
- Preguntar cómo ha ido el día.
- Interesarse por el resultado del partido de pádel o de futbito.
- Abrirle la cama "tipo hotel".
- Abrazo en horizontal antes de ponerse a dormir.
- Ese limpiar u ordenar sin que toque.

- Ese colgar aquel cuadro que solo hace seis meses que te ha pedido que cuelgues.
- Mirarla cuando duerme.
- Cuando hay bebés, levantarse por la noche y no decirlo.
- Que tengamos el resorte automático de decir: "Ya voy yo", "ya lo hago yo"…

… En resumen, tenerle presente muchas veces durante el día, que de verdad sea lo más importante para ti y que lo note.

No es fácil, la vida nos come. Hay que decidirlo.

San Josemaría decía a los sacerdotes que debían "poner el corazón en el suelo para que los demás pisaran blando". Es una frase que me encanta y la veo muy adecuada para los matrimonios: "Poner el corazón en el suelo para que tu mujer, tu marido, pise blando", "chof, chof", qué maravilla, esforzarse para que el otro disfrute y así, viendo al otro disfrutar, disfrutemos los dos. Una auténtica pasada.

LA FE, EL PILAR FUNDAMENTAL DE NUESTRO MATRIMONIO

Un matrimonio a tres

He dejado para el final un tema que me parece fundamental. De hecho, es fundamental en nuestra vida, ya lo habréis notado a lo largo del libro, pero a lo mejor no lo es para ti. Voy a hablar de fe, de tener a Dios como el pilar donde se sustenta nuestro matrimonio. Si tú no tienes fe y no quieres leerlo, te lo saltas y llegas al final, pero yo no puedo hablar de felicidad, de matrimonio disfrutón sin hablar de Dios.

Durante la pandemia del COVID, junto a mi amigo Pablo y mi hermano Tomás nos animamos a colgar unas charlas en directo vía Zoom a las que titulamos "ConFenados" (Las puedes ver en YouTube). La verdad es que tuvieron mucho éxito y se nos llenaba el Zoom a tope una vez por semana. Son charlas sobre noviazgo, matrimonio, y otras de testimonios de vida increíbles. A raíz de estos directos, y una vez finalizados los periodos de confinamiento, he empezado a dar conferencias para novios y matrimonios en infinidad de sitios. Es por eso que me he animado o, mejor dicho, me han animado, a escribir este libro.

Mi objetivo es cambiar las estadísticas, sí, sí, ya sé que suena pretencioso, incluso fantasma, pero no pararé hasta conseguirlo. De hecho, estoy convencido de que esto debe cambiar. No puede ser que en España haya tantos divorcios, no puede ser que se case tan poca gente y menos por la Iglesia, no puede ser que los jóvenes tengan miedo al matrimonio, al compromiso, a la entrega. No puede ser. Estoy dispuesto a cambiarlo, bueno, mejor dicho, quiero ser instrumento del Señor para cambiarlo. Y es que tantas veces nos creemos los protagonistas, nos creemos que las cosas pasan gracias a nosotros, o que somos nosotros los que las hacemos o conseguimos. Cuando tienes fe, ves claramente que solo no puedes nada, pero con Dios lo puedes todo. ¿Lo recordáis? Cuando hablábamos del consentimiento, la locura del amor para toda la vida… Como decía Antonio Bienvenida y mi amigo Alex siempre me recuerda: "Toda la gloria para Dios".

¿Por qué yo tengo fe y tú no tienes fe?

Veo que estás leyendo, aunque te he avisado al principio del capítulo que hablaría de este tema, me encanta…

¿Por qué cuando Dios se hizo hombre en la persona de Cristo no hizo que todos creyéramos en Él? En un *plis.*

¿Por qué a unos los curaba y a otros, que estaban al lado, no? Como en el milagro del paralítico de la piscina probática (*Jn* 5, 1-16), siempre me ha intrigado.

¿Por qué a unos les dice "sígueme", y le seguían, como los apóstoles? A Mateo, por ejemplo, le llama, se levanta y le sigue (*Mt* 9, 9-10). Sin embargo, otros, como el joven rico, no quiso seguirlo (*Mt* 19, 16-30) y a otros que querían quedarse con Él les decía que se fueran a su casa, como al poseído del pasaje de la piara de cerdos (*Mc* 5, 1-20).

Un misterio, un gran misterio que se resume en una palabra: LIBERTAD. Dios nos ha creado libres, absolutamente libres, mucho más libres que el perro pijo de la calle Serrano de los primeros capítulos. Podemos hacer lo que nos dé la gana, no solo podemos, o no, creer en Él, sino que podemos incluso ir contra Él, rebelarnos contra el Creador.

Dios, en la Persona de Cristo, quiere que le conozcamos, que nos enamoremos de Él para querer seguirle libre y voluntariamente, no obligados por nada ni por nadie.

Él siempre nos espera con los brazos abiertos.

Tú podrás obligar a alguien, por ejemplo, a tus hijos, a ir a la iglesia, a seguir una religión, incluso a cumplir unas normas, pero a creer, a creer no se puede obligar a nadie, es un acto totalmente libre e individual, yo decido creer. Y no solo nadie me puede obligar, sino que puedo hacerlo incluso aunque me lo prohíban.

La fe es un don de Dios, nos la da Él, cuando quiere y como quiere. A san Pablo le tira del caballo, y pasa de ser el mayor perseguidor de cristianos, a ser un gran apóstol de la Iglesia. Junto a san Pedro, los más grandes. Pero con la mayoría de nosotros, se sirve de los demás, se sirve de otras personas para transmitirnos la fe. Los padres, el colegio, la parroquia, un sacerdote, un amigo. Y es así como le conocemos, y un día, después de un encuentro personal con Él, nos enamoramos y decidimos seguirle, y eso cambia nuestra vida, obligatoriamente debe cambiarnos, ya vemos la vida de un modo distinto, con "ojos nuevos". Cuando uno tiene un encuentro personal con el Señor, no tiene por qué ser nada espectacular, no hace falta oír ninguna voz, ni que se te aparezca nadie. Un día cualquiera, en la intimidad de tu corazón, en el fondo de tu alma, le descubres a Él, y entonces ya no hay marcha atrás. El mundo, la vida, se te hacen inmensamente bellos y, aunque tus problemas y situaciones sigan siendo los mismos, la manera de afrontarlos es radicalmente distinta, te atrapa una paz, una luz y una alegría interior que no puedes reprimir, sientes la necesidad de transmitirlo a los demás.

Cuando uno vive esta experiencia, necesita compartirla. Porque si yo te invito a un buen restaurante, comes muy bien y, además, está bien de precio, al día siguiente se lo dices a los compañeros de trabajo, seguro: "¡¡¡Hay que ir a comer a tal restaurante!!!". Si lees un buen libro, lo compartes, igual que compartes cualquier experiencia que te haya hecho feliz, porque quieres que los demás también lo sean, que también lo vivan.

Por eso cuando conoces de verdad a Cristo, cuando vives cerca de Él, cuando la fe te cambia la vida, no puedes callar. Es que tenemos la necesidad de contarlo, vivir así es una maravilla.

Vale, muy bien, Pep. Después de este sermón, ¿qué tiene que ver esto con los matrimonios que disfrutan?

Pues que la fe es algo que los matrimonios debemos vivir y compartir.

Es evidente que la fe es una relación personal con el Señor, pero ¿no hemos dicho que somos uno? ¡Vivir la fe juntos en el matrimonio es jugar la Champions!!, como le oí decir un día al Padre Joaquín (@joaquinconp). Seguiremos teniendo problemas, seguiremos discutiendo por el tapón del gel, pero sabemos que el amor que nos une, si lo ponemos en las manos de Dios y lo compartimos los tres, cada día, es algo infinito, hasta la eternidad, durante toda la Vida, en mayúscula, algo que puede con todo.

No es el amor el que salva nuestro matrimonio, es el sacramento del matrimonio el que aumenta nuestro amor. Es la gracia que nos confiere el sacramento la que fortalece nuestro amor, nuestro sí.

La fe, que siempre debería ser un motivo de alegría, tantas veces se convierte en motivo de discusión en muchos matrimonios, que viven la fe de manera dispar.

La fe, las creencias que cada uno tiene, también son temas que hay que hablar a fondo en el noviazgo, es algo fundamental en la vida de las personas que la vivimos, y puede ser muy difícil la convivencia con personas que no lo entienden, o para las que la fe es algo que no tiene tanta importancia.

En relación a la fe podríamos decir que hay tres tipos de matrimonios:

Los matrimonios en los que los dos tienen fe y la viven.

Los matrimonios que viven la fe de forma dispar.

Los matrimonios que no tienen fe, o si la tienen, no la viven.

Cuando en un matrimonio la fe está presente en los dos, se vive y se practica, es una gozada. Aunque la fe es algo personal, cuando los dos la vivimos, nos ayudamos mutuamente a aumentarla.

¿Tu matrimonio te acerca a Dios o te aparta de Dios?

Es importante vivir la fe en matrimonio, en comunión, rezar juntos, frecuentar los sacramentos. Comentar las cosas que nos preocupan y ponerlas en manos del Señor. Confiar, dar gracias y tenerlo siempre presente en nuestra relación. Que sea verdaderamente el pilar que sustenta nuestro amor. Además, nuestros hijos lo verán y será un ejemplo básico en su educación, porque estas cosas se maman.

San Juan Pablo II decía que ver a su padre de rodillas al pie de la cama fue la mejor catequesis que recibió en su vida.

Cuando la pareja vive una fe dispar, es muy importante hablar a fondo del tema. Nos debemos preguntar: ¿qué fe tienes tú?, ¿qué fe tengo yo?, ¿qué fe queremos vivir y transmitir?… El respeto y apoyo por parte del que es más tibio en la fe es imprescindible para que el matrimonio viva feliz.

Es un tema que causa mucha preocupación al cónyuge que es creyente. Además, si os casasteis por la Iglesia, y bautizasteis a vuestros hijos, tenéis la obligación de educarlos cristianamente. Y cuando uno de los dos no colabora, e incluso pone impedimentos, crea mal rollo, que afecta al otro y a toda la familia.

Habladlo a fondo, no discutáis. Respetad y apoyad las iniciativas del que quiere vivir la fe, y el creyente que no le pegue sermones al otro. No seas broncas, que lo único que consigues es que todavía se aparte más. La única manera de animarle es que te vea muy feliz, que estés alegre y que sea tu manera de vivir la fe lo que le admire de ti. Y poco a poco, se acercará al Señor, con la expresión de los primeros cristianos: "Yo quiero ser como ellos", "yo quiero vivir así".

Si sois un matrimonio que no tenéis fe o no la vivís, pero os queréis un montón, y amáis, y deseáis el bien de vuestra familia y de la sociedad, estáis mucho más cerca de Dios de lo que os pensáis. Porque Dios es amor. Solo os falta animaros a conocerle, leer los Evangelios, la vida de Cristo hecho hombre, para enamoraros de Él y querer seguirle. Para tenerlo como referente. Os animo a hacerlo, se vive superbién cuando sabes que Dios está contigo y te ama de una forma totalmente desinteresada. Te da paz y te ayuda a afrontar los problemas, que los tenemos todos, con otra visión, con una visión sobrenatural de la vida.

La doctrina de la Iglesia no está para fastidiar al personal

¿Por qué tantas veces es mal entendida y criticada la doctrina de la Iglesia católica en referencia al matrimonio y la sexualidad?

Es muy frecuente criticar la doctrina de la Iglesia sin conocerla o conociéndola poco. Se utilizan estereotipos para hablar mal de una forma de vivir que está pensada para que seamos felices, no para fastidiar a nadie. La Iglesia quiere que seamos felices y, os lo digo por experiencia propia, si nos esforzamos en vivir según la doctrina que nos propone, seremos felices, seguiremos teniendo nuestros problemas, eso está claro, pero serán más llevaderos. ¿Que no es fácil seguir su doctrina? Volvemos a lo de siempre: ¿cuántas cosas que te hacen feliz cuestan un montón, pero merecen tanto la pena y te colman de satisfacciones?

Muchas veces pienso que es culpa nuestra, de los católicos, porque con nuestra vida no hemos sabido transmitir la alegría, la belleza de vivir nuestra fe. Cuántas veces somos broncas o nos creemos mejores que nadie, cuando lo que tenemos que hacer los matrimonios es ser puro reflejo del amor de Cristo por su Iglesia y tantas veces somos unos muermos, además de cascarrabias, broncas.

Los primeros cristianos se caracterizaban por su alegría, los demás decían de ellos: "Míralos cómo se quieren". Y brotaba del corazón de la gente que los conocía el deseo de seguirlos.

Mi amigo y maestro Mn. Joan Costa (os aconsejo sus vídeos www.mnjoancosta.net) siempre pone el ejemplo de la lavadora.

La lavadora

Cuando tú compras una lavadora o cualquier electrodoméstico, te llega con el manual, un libro de instrucciones que te puedes estudiar para saber cómo funciona o puedes pasar de leer y utilizar la lavadora como te dé la gana. Es tuya, tú la pagaste.

Si quieres que la lavadora cumpla su función, lave correctamente la ropa, no se estropee y te dure unos años, es bueno hacer caso de las instrucciones que la acompañan, aunque solo sea el resumen. Eso te garantizará el éxito del lavado y la durabilidad del trasto.

Las "instrucciones" para el correcto funcionamiento del hombre son los Diez Mandamientos y la doctrina de la Iglesia nos ayuda a recordarlo.

Tú con tu lavadora puedes hacer lo que quieras, es tuya. En el cajón del jabón en lugar de detergente le puedes poner Coca-Cola, ¿por qué no? Te aseguro que será fantástico, una experiencia inolvidable, una flipada, increíble. La espuma marrón en el momento del centrifugado desbordará por la junta del tambor, algo brutal, emocionante... o ponerle lejía en lugar de suavizante, por poder, podemos hacer lo que nos plazca, ahí está la máquina a tu disposición.

A las personas nos parece que podemos hacer con nuestro cuerpo lo que nos dé la gana y tantas veces además lo decimos: "Es mi cuerpo y yo con él hago lo que quiero", pero las consecuencias pueden ser nefastas y lo sabemos. Si no lo utilizamos correctamente, los daños físicos, mentales o espirituales pueden ser irreparables, como la lavadora después del festival de la Coca-Cola.

Jugar con el amor es peligroso y acarrea graves consecuencias que vemos constantemente en la sociedad en la que vivimos. Cuánta gente herida, cuánta gente desanimada, cuánta gente sola.

La Iglesia nos recuerda, tres veces en la Biblia, que "el hombre dejará a su padre y a su madre, y se unirá a su mujer y serán una sola carne" (*Gn* 2, 24, *Mt* 19, 5-6, *Ef* 5, 31). Repito, no es para fastidiar a nadie, todo lo contrario, para que seamos felices en este mundo y, después de morir, lo seamos PARA SIEMPRE EN LA VIDA ETERNA.

No quiero alargarme, podríamos escribir libros hablando de este tema, se lo dejo a los especialistas, que hay muchos y muy buenos. Si te animas, consulta el Catecismo de la Iglesia Católica, léete la Encíclica *Humanae Vitae* de san Pablo VI o descubre las catequesis de san Juan Pablo II sobre la "Teología del cuerpo" a través de autores como Christopher West en su libro *Buena noticia sobre el sexo y el matrimonio*, pero antes de juzgar o criticar, estúdialo o, mejor, ¡¡vívelo!!

Para terminar este capítulo en el que quizá nos hemos elevado un poco, me gustaría contaros la historia del suflé que se la oí a un grande de la educación afectivo sexual don José María Contreras.

El suflé

Un día, un matrimonio montó una cena en su casa. El marido cocinó un fantástico suflé que le quedó brutal. Todos lo disfrutaron y pasaron una magnífica velada. Cuando se despedían, un matrimonio le pidió la receta de tan exquisito suflé. El cocinero sabía que, al amigo, el que le pedía la receta, no le gustaba el queso, entonces dudó de la respuesta y le contestó: ¡¡Por supuesto!! Agarró papel y lápiz y le escribió con detalle cómo se hacía el famoso suflé, sin decirle que llevaba queso. Se despidieron y todos felices.

Al cabo de unos meses se volvieron a encontrar y el amigo le dijo al cocinero: "Intenté cocinar el suflé y me quedó fatal, y eso que seguí al pie de la letra tus indicaciones. No lo entiendo…".

El cocinero, sorprendido, no sabía qué responder. Podría decirle. "Pues no tengo ni idea, ya viste que a mí me queda muy bien, cuando quieras, hacemos otro". O decirle la verdad: "Mira, amigo, el suflé lleva queso, pero como sé que a ti no te gusta, no te lo apunté en la receta, pero el tema es el queso, a tu suflé le falta el imprescindible queso".

Esto nos pasa muchas veces a los matrimonios que tenemos fe, nuestros amigos nos preguntan: ¿cómo puede ser que sigáis tan enamorados?, ¿cómo puede ser que tengáis un hijo con una enfermedad grave y lo afrontéis así?, ¿cómo puede ser que viváis tan serenamente la muerte de las personas queridas? No entiendo cómo afrontas la enfermedad de tu marido con esta alegría. No tenéis ni un duro y se os ve siempre felices...

Y tantas veces respondemos tonterías o remedios superficiales o, lo que es peor, nos ponemos medallas y les decimos que todo el mérito es nuestro, ¡¡fantasmas!! Siempre por respetos humanos porque sabemos que el amigo que nos lo pregunta no cree o no quiere hablar de fe (no le gusta el queso). No nos atrevemos a decirle como san Pablo: "Vivo, pero ya no vivo yo, sino que Cristo vive en mi" (*Ga* 2-20). Mira, querido amigo, es la fe la que me ayuda a vivir así. No hay más. ¡¡Métele queso en el suflé!! ¡¡Métele fe a tu vida!!

CONCLUSIÓN: A BAILAR

¿Por qué en la cocina?

Después de la habitación de matrimonio, la cocina es la estancia más importante de la casa.

En la cocina es donde se cuecen las habas y donde se cuecen la mayoría de cosas que tienen importancia en un hogar.

Cuántas confidencias en la cocina, cuántas risas y cuántos llantos. Si las cocinas de las familias hablaran, podríamos escribir libros preciosos.

"Hay que bailar en la cocina"

No valen excusas: bafle, Bluetooth, Spotify, y dale.

El tamaño de la cocina no importa, es más, para el matrimonio, cuanto más pequeña sea, mejor, más "agarrao" bailaremos. No me sirve un "no sé bailar", no sabes bailar para bailar en el Ballet Bolshoi, pero para pegarte unos pasos con tu pareja y reíros un buen rato, eso lo sabe hacer cualquiera. Además cuanto peor bailes, más se reirá el otro, que de eso se trata, de reír.

Baila como si nadie te viera

Disfrutad del matrimonio. No pienses tanto en ti, piensa en el otro, descansa en el otro, acoge al otro.

Y cada día, al acostarnos, cuando hagamos el examen de conciencia para saber cómo ha ido el día y ver en qué podremos mejorar al día siguiente, los matrimonios siempre nos debemos hacer dos preguntas personales:

¿Lo/la he querido?

¿Lo ha notado?

Y es que no basta con quererle, es imprescindible que lo note.

Ya llegamos al final. He querido que fuera un librito muy sencillo y directo, que sea fácil de leer, pero, sobre todo, que anime a las parejas a ser felices, a disfrutar del matrimonio, a pasarlo muy bien.

Dios no dijo: "El hombre dejará a su padre y a su madre, y se unirá a su mujer, y serán una sola carne para pasarlas canutas". El matrimonio es la vocación de la mayoría de las personas. Dios nos pensó así, para que seamos felices. El matrimonio es el mejor invento.

Precisamente hoy, en la iglesia, me he encontrado a una chica joven, y me ha dicho que se había pasado toda la tarde discutiendo con su amiga, porque la amiga no creía en el amor para siempre.

No puede ser que actualmente la juventud dude tanto, que piensen que el amor no dura, que todo es sentimiento y que, como tal, está claro que si no lo trabajamos, se esfuma. Que haya tanto miedo al compromiso.

Los matrimonios debemos ser ejemplo para los jóvenes. Tenemos que conseguir que nuestros hijos, que sus amigos y que toda la juventud diga: yo quiero ser como este matrimonio, no solo que lleva un montón de años casado, sino que lleva un montón de años disfrutando.

¿Cuántos matrimonios conocemos que son muy felices? ¿Cuántos ejemplos de matrimonios felices durante toda la historia de la humanidad? ¿Cuántos ejemplos cerca de nosotros? Infinidad… No nos dé vergüenza ser ejemplo, que eso es una falsa soberbia, que, si de verdad nos queremos y disfrutamos, eso se ve, se nota, se transmite y cambia a tu familia, a tu barrio y al mundo entero.

Debemos TENER EJEMPLOS Y SER EJEMPLO.

Como decía Santa Teresa de Calcuta: "Si quieres cambiar el mundo, ve a tu casa y ama a tu familia". Y yo añado: ama a tu pareja y que los hijos lo vean y digan: "yo quiero esto para mí".

Se acabó, deja el libro, busca a tu pareja y dile con todas las letras:

"¡¡TE QUIERO MOGOLLÓN!!".

Y DALE UN FUERTE ABRAZO, LARGO…

Me gustaría que me dijeras qué te ha parecido el libro. Puedes contactar conmigo en Instagram **@pepborrellv** o por *email:* **pepborrellv@gmail.com**